芹田健太郎 著

国際紛争の解決方法

信山社

はしがき

ロシアが軍事演習と称してロシアの全国各地からウクライナ方面に軍を集め、ウクライナに対する「特別軍事作戦」という名の軍事進攻を始めて以来、現時点で一年を超える。

ロシアは、国内では徴兵によって兵隊を集め、しかも、ロシア国内でも非合法とされるワグネルなる私的軍事集団（Wagner group）を、シリアに投入していたことも報じられたが、ウクライナでも傭兵として用いている。

なお、ワグネルはイデオロギー的に特定のものはないものの、ネオ・ナチや極右の過激派との結びつきがある、と言われる。その名前の由来は、アドルフ・ヒットラーが好んだ作曲家ワーグナーRichard Wagner にあると言われる（個人的にはワーグナーは、タンホイザーやトリスタンとイゾルデよりも、Der fliegende Hollander（さまよえるオランダ人）をよく聴いている）。

ところが、この軍事侵攻を始める前に、ウクライナのNATO加盟問題をめぐって、ロシアとウクライナとの間に見解の相違があったと報じられたが、ロシアがこれに関して外交交渉のほか、何らかの平和的解決手段を探り、問題解決を試みた形跡は見えない。侵攻後の二〇二二年三月一〇日、NATO加盟国のトルコ外相の仲介で両国外相がトルコで会談したが、停戦について、目に見える進展はなかった。

歴史的に見ると、クリミア半島問題が絡んでいると思われる。ロシアもウクライナも、その構成国であった旧ソ連邦は、一九二二年一二月三〇日の連邦条約で、ロシア共和国、ウクライナ、白ロシア（現ベラルーシ）等の四ヵ国で構成された。一九九〇年代のソ連邦解体前には、北にあるロシアからみて、ロシアの南への出入口である、黒海に面する天然の良港をもつクリミア半島は、ソ連邦構成国のロシア連邦共和国所領であったり、同じくソ連邦構成国ウクライナへの所属替えが行われたりしていた。現在、南への出入口を押さえられているロシアとしては、クリミア半島の併合を狙っているようであり、ウクライナは、当然のように、これに反対である。

今回の戦争をめぐる国際法上、とくに交戦法上の問題のいくつかは、「ロシアのウクライナに対する『特別軍事作戦』をめぐって」と題して、国際人権法学会年報誌上（二〇二二年）で指摘したので、これを本書の末尾に付した。

なお、ロシアは旧ソ連の継承国家であるので、その反対意見は、国連安全保障理事会での決議採決のときには拒否権となり、決議は成立しないが、国連総会には拒否権がないので、国連は緊急総会を招集し、三月二日「ウクライナに対する侵略」と題する決議を採択した。

本書では、法の執行と称して、大きな破壊を伴う力を用いることは決して許されず、力を用いて解決してしまいたくなる誘惑に乗らないためにも、多様な解決手段があることを知り、対外的な「仮想敵」に備えた、無用な「武力」をもたないことこそが、紛争をとことん理性的に、平和的に解決するための最大の近道であることを示そうとした。

二〇二三年二月二六日

二・二六事件を想い起こして

芹田健太郎

目次

国際紛争の解決方法

はじめに

国際紛争の解決（処理）とくに平和的解決についての研究は、これまで日本においては国際裁判に力点が置かれてきた。

最高裁判所長官を務められた横田喜三郎先生は、裁判手続によって国際法を適用することを「国際司法」と定義し、「厳格な意義の国際司法は国際裁判にほかならない」が、国際調停（周旋・仲介を含む）を国際裁判に準じるものととらえ、「国際紛争を解決するために、当事者の主張を聞いたうえで、第三者が解決条件を決定する点において、著しく国際裁判に類似している」ので、広義の国際司法と名づけ、まず、国際裁判から説き始められる。

また、常設国際仲裁裁判所判事を勤められ、生涯学究であることを貫かれた田岡良一先生は、これに対して、一般に紛争を平和的に解決する方法としては「紛争当事者をして第三者の下す裁断に服従せしめて紛争を解決する方法と、両当事者の接近を計り彼等相互間の和解に依る解決を促進する方法」の二種があり、「前者は紛争を直接解決する効力を有するが、後者は此効力なく、只間接に紛争解決を補助する手段たるに止る」ので、平和的処理手段を「実効的手段」と「補助的手段」に大別して、まず実効的手段である、国際裁判について、その発達史から説き始められる。

田畑茂二郎先生は「国際裁判は原則として法を基礎として紛争の処理をはかる法的決定であり、さらにその決定そのものが判決となり、当事国を法的に拘束し、当事国がそれを履行するといったかたちで紛争の処理がはかられる」という認識に立ち、国際裁判に限界があるとはいえ、「それが紛争処理の中でどのような位置を与えられているかは、法秩序の体制がどのようにととのっているかをみる上の尺度となる」ので、国際裁判から始められる。

その後、田岡良一先生は、『国際法Ⅲ』（有斐閣、一九五九）で「法律学の立場から世界の平和をもたらす道を考えようとすれば、国家間の争いごとを裁判によって解決してしまう制度を国際社会に樹立するより外にはないというのが、本書を一貫して私の説こうとした思想である」（はしがき）と心情を吐露し、該博な外交史の知識を背景に透徹した眼で一九世紀来の平和的処理の歴史を描き切り、問題点を剔出した。今日これを超えるものはない。

国際裁判からまず語り始めるやり方には、しかしながら、それぞれアプローチが異なるとはいえ、中央権力がなく分権的構造をもつ国際社会の在り方からみて、常々私は疑問を抱いてきた。とくに、国際裁判に力点を置くことが、あたかも、交渉に始まり周旋―仲介―審査―調停―仲裁裁判、そして司法的解決に行きつく一連の解決手段の直線的な客観化の道程、いわば平和的手段の単線構造を示し、しかも進歩の方向づけを表わす価値判断を加えているように思われ、そのことへの疑問を日に日に深めてきていた。

それは、ひとつには、国際裁判が、現実にはあまりにも多くの限界をもちすぎていること、そして、何よりも、国際紛争の処理にあたっては、徹頭徹尾といえるほど紛争当事国の意思に、圧倒的な優位が与えられていると思われるからである。

また、国際社会には、国内社会のように立法機関、執行機関、司法機関がなく、紛争の処理を、国際法の法規範としての履行の確保を図るものとして位置づける視点から論じられることもあるが、法の履行確保とは区別しなければならず、それは本書の範囲を超える。

国連海洋法条約やその準備文書から垣間見える現在の諸国の法意識からは、まず、紛争の平和的解決義務を取り上げなければならないが、諸国は主権平等を強調し、紛争解決手段選択の自由、つまり各手段が対等の価値を有することを主張して譲らず、紛争処理の当事者中心の構造を崩さない。むしろ、相互依存が深まる中で、こうした構造は強められ、交渉の多様化・多面化が見られるように思われる。

本書では、こうした私の疑問と、今も続くロシアの侵攻が人類の歴史の針を逆戻りさせたか、と人びとに大変なショックを与えたが、今もなお武力が使われているという国際社会の現実から出発して、紛争当事者中心構造と紛争解決手段の複線構造とを視野に入れて、国際紛争処理理論を試みた。

1　平和的解決義務

一　国際紛争とは何か

独立主権国家を主たる構成員とする国際社会においても、経験が示すように、社会構成員間の利益または感情の衝突にもとづいて、争いすなわち権利、請求または主張の対立が生じるのは、国内社会の場合と同様である(*)。国際紛争(international disputes, differences)というのは、この国際社会構成員間の争い、つまり国家間の紛争である。

国際紛争は、種々の内容について、いろいろな関係から生じてくる。最初から国家と国家の間の問題として起きるだけではなく、初めは、一国の国民と他国の政府との間の問題として、あるいは、二国の国民相互間の問題として起きることもある。しかし、国際紛争というものは、個人たる国民間のものとして始まったにしろ、これを国家が取り上げることによって国家間の紛争と観念される構成を与えられるのが原則である。

＊　国内社会では、私人の権利・利益の対立から私人間に生じた争いを私人が訴える民事事件と、社会の秩序の維持や社会的・道徳的に非難される犯罪の鎮圧・処罰等のため社会を代表して検察官が取り上げて訴える刑事事件があり、さらに、国家社会は権力集中構造をもっており、行政機関の行為の適法・違法を争って、私人が訴える行政事件がある。なお、賃金、雇用、解雇、配置転換などの労使間に生じるトラブルの解決のためには各都道府県に地方労働委員会がある。

国際社会にも、ジェノサイド（集団殺害）犯罪、反人道罪、戦争犯罪、侵略犯罪について、国際刑事裁判所検察官が裁判所に訴える国際刑事裁判所規程があり、実際にも裁判は行われているが、この裁判所の裁判には国家が自国のもつ刑罰権を行使しない場合に限って、訴えることができる（補完性の原則）のであって、国家に代わるものではない（尾崎久仁子『国際人権・刑事法概論』（信山社、二〇〇四）および尾崎ほか『国際刑事裁判所——国際犯罪を裁く』（国際法・外交ブックレット、東信堂、二〇〇二）参照）。

なお、国連その他の国際組織の行為との関連で、国家機関の行政行為の適法・違法を争う行政訴訟に類似した事件が見られる。国連（事務総長）を訴える訴訟の裁判を行う国連行政裁判所、その他の機関を被告とするＩＬＯ行政裁判所など。

また、個人の生命権や自由権等の人権侵害について、原則として、個人からの訴えにもとづいて裁判する欧州人権裁判所や米州人権裁判所もあるが、初めから国家に代わって裁判管轄をもつものではない（国内的救済完了の原則）。

二　国際紛争の平和的解決義務の確立

国際紛争も、国内社会の種々の紛争と同じように、これを解決するためにまず行われるのは、「交渉」である。しかし、直接交渉による解決も、国内における民事紛争、労使紛争あるいは政治紛争では、そのあり方が異なっているように、紛争対象によって異なる。こうして、国際紛争に対しても種々の解決手段が用意されることになる。

国際紛争の処理方法としては、従来、平和的処理（pacific or peaceful settlement）の方法と、強制的処理（coercive settlement）の方法の二つに大別されてきた。

強制的処理というのは、紛争当事者の一方が、他方に対して物質的または精神的損害を与える措置を講じ、苦痛を生じさせることによってこれを屈服させ、自国の要求を貫徹するかたちで紛争を解決する方法である。その代表的なものは、武力行使による強制であり、簡単に言えば、戦争である。

しかし、こうした処理方法は、戦争違法化の過程のなかで徐々に制限され、今日では「すべての国家との国際紛争を、平和的手段によって、国際の平和と安全と正義を危くしないように解決しなければならない」（一九七〇年の友好関係宣言。なお、国連憲章二条三項参照）。戦争についても、国連憲章では「すべての加盟国は、その国際関係において、武力による威嚇又は武力の行使を慎まなければならない」（二条四項）と定め、一九七〇年の国連総会は、これを「すべての国家」の義務として確認した（友好関係宣言第一原則）。

ところで、国連総会は、国連加盟国すべてが代表されているが、「すべての国家」を代表することができるのか。

国際連合（United Nations）は、周知のとおり、日独伊等の枢軸国と戦った連合国（United Nations）が、第二次世界大戦後の平和秩序の確立を目指して創った国際組織に「連合国」と名づけたもので、日本語はこれを「国際連合」とした。なお、連合国の一員であった中国では「連合国」であり、中国は原加盟国である。その他、一九七〇年当時の国連加盟国は、第二次世界大戦中の「中立国」も「枢軸国」も加盟国となり、また植民地から独立した新独立国は、ほぼ自動的に加盟国になっており、「すべての国家」ということができた。

さて、こうして、国家が国際紛争を平和的手段を用いて解決しなければならない義務は、現代国際法において確立したのである。したがって、国際紛争の処理方法としては平和的解決手段のみが語られるべきこととなる（田畑茂二郎先生は、戦争違法化のほか、戦争や復仇が自助 self-help として国際法の執行にかかわり、国際法の適用にかかわる紛争処理とは異質であることからも、国際法においては、紛争処理は平和的解決のみを扱うべきである、と言う)。

ところで、いつから現代なのか。ある国際法学者は、第一次世界大戦を境に国際法における「力」の地位が変わったことに着目し、国家による力の自由な行使が制限され国際社会による統制を受けるようになった、いわゆる戦争の違法化を理由に現代に転換したと捉え、また別の学者は、社会主義国の登場という国際社会の構造変化に注目する。また、オランダの平和学者は、キリスト教国の時代、文明国の時代、平和愛好国の時代と区分するし、第二次世界大戦を大きな転換点とする者もある。

戦争違法化の象徴的な出来事は、その実効性について、実定法上の観点から、疑問を呈する学者もあったが、日本も加入している一九二八年の不戦条約の採択である。

遅くとも第二次世界大戦を現代法への転換の契機とすれば、それ以前には強制的解決が認められていたことになる。

実際にも、イギリスが中国から香港の割譲を得たアヘン戦争は一八四〇年であるし、日本は日清戦争の結果一八九五年の下関条約で遼東半島の割譲を受けたが、その後に三国干渉を受けた。日本はさらに一九二五年に中国に対し二一ヵ条の要求を突き付け、不戦条約採択後も、中国戦線を拡大し、ドイツは一九三八年のオーストリア併合に続いて、チェコからズデーテン地方の割譲を受け、ラテンアメリカでは、ボリビアとパラグアイが両国国境地帯のチャコ地方を巡って、一九二八年から七年にもわたって戦火を交えたし、イタリアはエチオピアを征服し、一九三九年にはアルバニアに侵攻しこれを併合した。こうして第二次世界大戦へとなだれ込んだのである。

三　紛争解決手段選択の自由

国連憲章は第二条三項において一般的に平和的解決義務の原則を述べ、そして第三三条において「その継続が国際の平和及び安全の維持を危うくする虞のある」紛争については、紛争当事者は「まず第一に交渉、審査、仲介、調停、仲裁裁判、司法的解決、地域的機関又は地域的取極の利用その他当事者が選ぶ平和的手段による解決を求めなければならない」と規定した。一九七〇年の友好関係宣言（「国際連合憲章に従った諸国家間の友好関係と協力に関する国際法の諸原則についての宣言」）は、さらに明瞭に次のように言う。

「国際紛争は、国家の主権平等を基礎として、かつ手段の自由な選択の原則（the principle of free choice of means）に従って、解決されなければならない」

国家は、しかも、当事国が選ぶ平和的手段によって、「すみやかにかつ公正に解決することを求めなければならない」のであり、「このような解決を求めるにあたって、当事国は紛争の事情と性質（the circumstances and nature）に応じた平和的手段について合意しなければならない」。そして、紛争当事国は、国連憲章第三三条に言及する平和的手段のいずれか一つによって解決に到達しない場合には、「合意する他の平和的手段によって紛争の解決を引き続いて求める義務」（the duty to continue to seek a settlement of the dispute by other peaceful means agreed upon by them）があることが確認された（この点、国連憲章三三条の義務につき、同三七条によって安全保障理事会に付託する前に一応紛争当国間でこれらのいずれかの手段によって解決を試みることを希望しているにとどまるとの解釈があることを指摘しておかなければならない）。なお、一九八二年の国連海洋法条約も手段選択の自由を確認した。

しかしながら、平和的解決義務と手段選択の自由との間にある矛盾は否定できず、また、平和的解決制度の不備と、武力行使の絶対的禁止の実効性の問題も、未解決であることは否めない。

しかし、これは、国際社会が分権的構造をもっていることの反映であり、「国際紛争の当事国、ならびに他の諸国家は、国際の平和と安全の維持を危くしないように、事態の悪化をもたらすおそれのあるいかなる行為をも慎まなければならない」とする一九七〇年の友好関係宣言を確認するしかない。

四　平和的解決手段の体系――法律的紛争・政治的紛争論を手がかりとして

いかなる紛争でも、諸国は外交交渉によって解決しようと欲し、ついで、これを第三国の周旋・仲介（居中調停）によって解決しようとする。あるいは、国際審査・調停に委ねる。

これらはいずれも当事国の自由な同意によってはじめて紛争に解決がもたらされる。

しかし、当事者を拘束して履行義務を生じる判決を下す紛争解決方法である国際裁判に対しては、法律的紛争といわれるもののみを付し、それ以外の紛争（非法律的紛争、政治的紛争）を裁判から除こうとする傾向が諸国にみられる。

そこで、これまで、どういう種類の紛争が裁判に付せられるべき紛争（justiciable dispute）に該当するのかが論争されてきた。

一つは、諸国の条約において、つまり現行の実定法において、どういう紛争が裁判に付せられるべきものとされているか、の問題であり、他の一つは、国際紛争のなかに、裁判に付して解決するのに適したものと、そうでないものとの区別があるのか、の問題である。

さて、法律的紛争という言葉は、裁判に付せられるべき紛争の範囲を限定するために、多くの仲裁裁判条約、国連憲章（三六条三項）、国際司法裁判所規程（三六条二項）に用いられている。

また、一九二八年の国際紛争の平和的処理に関する一般議定書のように、すべての紛争を裁判に付することを定める条約では、付託する裁判所を区別するため、あるいは、すべての紛争を同一の裁判所に付託する場合には裁判基準を別にするために、用いられる。

実定法の問題としては、裁判義務を定めた個々の条約について個別的に解釈すべき問題であるが、一般的には次の三つの学説がある。

第一は、当事国の将来の相対的勢力、したがって、その国の運命が左右されるような政治的重要性をもつ紛争が政治的紛争であり、そうでないものが法律的紛争であるとする。

この説の実定法的解釈の難点は、法律的紛争という言葉を裁判に付せらられるべき紛争を定める標準として最初に採用した一九〇三年の英仏仲裁裁判条約（同条約では、正確には法律的性質の紛争（les differends d'ordre juridique）略して法律的紛争）およびこれを範とする諸条約が、裁判に付せられるべき紛争を法律的紛争に限ったうえで、しかも、その法律的紛争からさらに締約国の死活的利益、名誉または独立に影響する紛争、または第三国の利益に影響する紛争を裁判に付さないと定めていることと矛盾することである。しかし、この説は、どのような紛争が国際裁判に最も適する紛争であるか、という問題の観点からは傾聴に値するものをもっている。

第二は、当該紛争を解決するために適用すべき国際法規があるものが法律的紛争であり、ないものが非法律的紛争であるとする。

しかし、この定義であれば、事件が裁判所に付せられ十分な審理をした後でなければ適用すべき法規が存するかどうかは確定しないのであるから、ある紛争が法律的紛争であるか否かをあらかじめ決定することはできない。

第三は、一九二五年のロカルノ仲裁裁判条約（ドイツ、チェコスロヴァキア、フランス、ポーランド間にそれぞれ結ばれた）、そして、これを範とした一九二八年の国際紛争平和的処理に関する一般的議定書などが採用しているように、当事国が互いに権利を争う紛争、つまり、当事国が互いに国際法を基礎として争う紛争が法律的紛争であり、当事国の一方が国際法以外の根拠にもとづいて争う紛争が非法律的紛争である、とする。

この説が、もっとも実際に合致しているといえるであろう。

このように、非法律的紛争とは、当事国が国際法を基準にして解決することを欲しない紛争を意味する。しかし、この種の紛争も、理論的にみて、裁判に付託しえないとはいえない。国際裁判は、国際司法裁判所規程第三八条にもみるように、原則として法を基準として行われるが、衡平と善による裁判も可能であり、裁判とそれ以外の解決方法を区別する決定的な点は、第三者の介入の効果にあり、解決基準にあるのではないからである。

しかし、これはあくまでも決定可能性に止まるといえよう。

なぜなら、国際法以外の根拠にもとづいて争うということは、「法を動かして動的な解決を求める」ことであり（祖川武夫（『国際法Ⅳ』法政大学通信教育部、一九五〇）は、こうした紛争を「動的紛争」といい、他方、法を適用した静的な解決を求める紛争を「静的紛争」と呼ぶ）、この矛盾をどう解決していくかをめぐって諸国家の間に国際的な対立・緊張関係があるからである。こうした構造につながっている紛争は、まさに政治的紛争と呼ぶに値するのであるが、それは、その性質上、国際裁判所の紛争処理能力を超えたものである。

今日では、第三回国連海洋法会議で採択された二〇〇カイリ排他的経済水域がすっかり定着している。しかし、同会議は、途上国の二〇〇カイリ水域主張に対して先進国が反対する中で開催され、二〇〇カイリ水域に圧倒的支持が集まったカラカス会期中の一九七四年七月に出されたアイスランド漁業管轄権事件判決（4-(1)）において、国際司法裁判所は、英国がアイスランドの五〇カイリ漁業水域を違法と主張したのに対し、合法性判断を回避し、「紛争の衡平な解決のために誠実に交渉を行う相互的義務」があると判示した。

また、二〇〇カイリ漁業水域を設定した米国の一九七六年漁業管理保存法を背景とした同年の日米漁業交渉においては、同法を国際法違反の国内法とみる日本がその法的主張の棚上げという譲歩を示したが、一二月には当時のソ連も同様の国内法を制定するに及び、結局、翌年三月の同法の施行と出漁期を間近に控え、米国の主張を受け入れて条約を締結した。

当時、日米ともに、相手国が一方的に国際司法裁判所に提訴した場合でも、受けて立つことを前もって宣言する「選択条項受諾宣言」を行っていたにもかかわらず、裁判所への提訴は、日本において議論にもならなかった。たとえ提訴していたとしても、裁判所は解決しえなかったであろう。これらのことは、国内裁判所の議論にみられる統治行為論や政治問題や司法謙抑論などにも、耳を傾けてみる必要があることを示すものであろう。

こうしたことから考えると、国際裁判の義務化の促進の必要性と並んで、政治的責任をもつ地位にある者の政治的決断による妥協に導く紛争解決手段が、存在意義をもっているのである（太寿堂鼎は「平和的変更」も十分でないところからこの結論を導く（香西ほか『新版国際法概説（増補版）』）。

さて、こうして、紛争の平和的解決手段の第一には、すべての紛争について適用される外交的解決手段があげられる。外交手続は、当事者間の合意によって解決を確保することを本質とするが、ここでは、当事者が、生き生きと活躍する外交のダイナミズムと、外交の技術が有用に働き、単に第三者的響きをもつ「国際調停」（横田、高野）とか、価値中立的な「非法律的処理方法」（田岡）、「裁判以外の解決方法」（太寿堂）、「非裁判的手続」（山本）という表現による、裁判中心の分類以上の積極的な法的評価が与えられるべきである。

外交的解決の次に、国際裁判による解決、そして、第三に、これらと並んで、国際連合安全保障理事会または総会その他地域的国際機構による政治的解決という方策が体系化できるのである(*)。

本書では、ひとまず、以下において、外交的解決手段と国際裁判(仲裁裁判と司法的解決)について検討を加え、紛争解決手段の概要を把握しておきたい。

＊　紛争解決手段のこうした体系化は、フランスの著作は別として、英米の著作にはあまり見られない。フランスでは、ルソー：国際紛争処理の外交的方法、政治的処理、仲裁裁判、司法的解決。私の先生であったルテール：非司法的方法、司法的方法。グエン・コク・ディン：政治的処理、法律的処理、である。

なお、戦争禁止と紛争解決手段整備に関連して、日本に次のような論がある。

「自力救済を含めた武力行使を全面的に禁止する前提として、国家間の紛争を国際社会の手によって客観的に解決するための、紛争の平和的解決の制度が完備されていなければならない……にもかかわらず、紛争の平和的解決の制度は不完全であり、多くの国家間の紛争が未解決のまま放置される余地が残されている。そのため、ある国が武力行使以外で他国の国際法上の権利を侵害し、被害国の抗議には耳を貸さず、また平和的手段による解決の申し出にも応じないとき、被害国としては、自力救済のために武力を行使することを禁じられているため、結局泣き寝入りしなければならないという不都合な事態が生じる。一方では紛争の平和的解決制度を完備する努力を怠りながら、他方において戦争の全面的禁止をうたうことは、片手落《ママ》ちの非難を免れないであろう。不戦条約や国連憲章の戦争違法化の方向は、戦争の惨禍に目を奪われすぎて、戦争を頭から否定するだけで、その前提条件となる法制度の制度を忘れたものといわなければならない。つまり無差別戦争観を否定する余り、自力救済としての戦争までも否定しようとするものである。ここに、国際社会の現状の下で戦争の全面的禁止をうたうことの理論的難点が存在する。」

しかし、戦争の全面的禁止をうたうことの理論的難点が、紛争の平和的解決制度の

「不備」にあるのではない。実際にも、大国の武力行使の前に、小国が泣き寝入りしているのであって、その逆ではない。

形式的・論理的抽象化は、本質を見誤らせることがある。自力救済にしても、民事法で語られることがあるからといって、国際法の武力行使にこれをそのままあてはめようとすれば無理がある。あくまでも忍耐強く平和的解決を求めるよりほかにはない。とくに世界の多くを占める小国にとっては平和的解決こそ救いであり、大国の軍備の縮小・廃止こそ望ましい。軍備をもたなければ使うこともない。

2　外交的解決手段

一　外交交渉

(1)　交渉義務

紛争当事国は、通常、まず外交ルート（外交関係のある国の場合には当該国にある在外公館——通常大使館——から当該政府へ。日本と朝鮮人民共和国（北朝鮮）のように外交関係のない国の場合には、双方が外交関係をもつ国（たとえば中国）にある双方の在外公館）を通じて、直接に互いの主張の調整を図り、紛争を解決しようと試みる。紛争解決方法としては最も一般的で原初的なこの形態のことを外交交渉または直接交渉という。

この交渉の手続は、条約締結等のためのそれと原理的には全く同じであり、通常は、対外関係国家機関によって行われるが、重大な政治的紛争の場合には、首脳会議によって交渉が行われる。

この直接交渉については、国際紛争平和的処理条約などの条約中に、他の紛争処理方法に訴える前にまず行われることを定める例も多い。

しかし、国際紛争の平和的処理手段の研究という観点からは、当事国間の外交交渉によって紛争が解決しなかった場合に、さらに解決を試みようとすればどういう手段があるのか、を究める必要があることを理由に、外交交渉を紛争の平和的処理方法の研究からはずしたり（田岡良一）、あるいは外交交渉では、紛争当事国間の力関係に左右される面が多く、客観的な円満な解決が期し難いとして、必ずしも十分に評価されてこなかった（田畑茂二郎、高野雄一）。

しかしながら、今日では、国際紛争解決について「解決手段選択の自由」が原則として強調され、具体的な手続の選択は交渉（南極条約一一条では「協議」、国連海洋法条約二八三条では「意見交換」がとくに紛争解決手段としての「交渉」とは区別されている）によって行われる。

また交渉義務が主張され、さらに国際司法裁判所判決によって「交渉義務」(「交渉に入る義務」(ドイツと両隣のデンマーク、オランダ間で北海大陸棚の境界をめぐって争われた「北海大陸棚事件」(4-(2))、「誠実に交渉する義務」(アイスランドが設定した五〇カイリ漁業水域をめぐって英国との間で争われた「アイスランド漁業管轄事件」) が命じられるようになった。

こうしたことから「交渉」に新しい光をあてる必要がある。なお、昔も今も、日常的な国際紛争の大部分が直接交渉によって解決されていることは疑いないところである。ところで、交渉義務は、第一に解決手段選択の自由との関連で生じる。解決手段の選択は当事国の自由であるが、紛争の平和的解決義務を果たすため、どのような手段を選択するかを、当事国でまず交渉でしなければならず、そうした交渉義務は、「協議」「意見交換」等によって果たされる。そして、その結果、紛争処理手段としての「交渉」が選択された場合、その交渉義務は、合意に到達する義務は含まないが、フランス・スペイン間で争われた、フランス領内にあるラヌー湖から流れ出る河川の水利用をめぐる、一九五七年一一月のラヌー湖事件（4－(3)）仲裁判決にいうとおり、「討議の不当な決裂、変則的引き延ばし、合意された手続の無視、対案や利害関係事項について考慮を払うことを計画的に拒絶する」ような場合は、交渉義務を尽くしたことにはならない。さらに、国際司法裁判所の前述の判例からは、「衡平な」解決が得られるように、誠実に交渉する相互的な義務を意味すると結論できるであろう。

(2) 協　議

紛争解決手段選択のために行われる協議とは異なる協議制度が、二国間の定期協議や、日米安全保障条約の定める協議などのほか、環境保護や資源などの分野で多く定められるようになってきた。こうした「紛争回避手続としての協議義務」（山本草二）は、予防が治療に優ることは明らかであり、大いに利用されるべきであろう。

二　周旋と仲介

紛争当事国が交渉によって紛争を解決できなかった場合には、第三国の介入は、この行き詰まりを打開し、双方に受諾可能な解決策を生み出すことのできる方法となる

第三国の介入にはいろいろの形態があるが、第三国が単に紛争当事国に直接交渉の再開を勧めたり、または、紛争当事国への手助けを通信の便宜や会議場所の提供などの外面的援助のみにとどめる場合には、これは周旋（good offices）と呼ばれ、他方、第三国が右の行為にとどまらず、紛争当事国の交渉の内に立ち入って、双方の主張の調整をはかり、みずからも解決案を提示したりして、交渉をまとめ和解を促進する場合には、これを仲介（mediation）と呼ぶ（国際紛争平和的処理条約の公定訳は、これを「居中調停」とした）。

仲介は、周旋と同様に、基本的には、主である当事者の交渉に対し、従たるものであるが、仲介者は自己の提案を行い、他方当事者の提案をそれぞれに伝達することが認められているのみならず、むしろそれを期待されており、このことは成功しなかったが、

フォークランド紛争（4-(4)）において、アメリカ合衆国のヘイグ国務長官のシャトル外交に見られるとおりである。

周旋や仲介は古くから行われてきたものであり、一九世紀末の一八九九年の第一回ハーグ平和会議は、これらを平和的処理のための有用な方法と認めて、国際紛争平和的処理条約（一九〇七年改正）に取り入れ、若干の規定（二条ないし七条）を設けた。

これによると、紛争当事国は、事情の許すかぎり、友好国に周旋や仲介を依頼することとし、また、他の条約当事国も自発的に周旋や仲介を紛争当事国に提供するのが望ましいこととされた。しかし、紛争当事国にも第三国にも何らの義務付けもなされなかった。この状態は現在も、とくに条約がないかぎり、同じである。

周旋の例として好んで引かれるのは、一九〇五年にアメリカ合衆国大統領が、日露の興和を斡旋しポーツマス条約の締結によって日露戦争が終結した例である。なお、後述するように、日露戦争中の一九〇四年のドッガー・バンク事件（ドッガー・バンクは北海にある海底の隆起したところで、いわゆる堆《たい》、日本海の好漁場の大和堆を想起せよ）（東方に派遣されるようになったバルチック艦隊がドッガー・バンクを夜航海中、イギリスの漁船を日本の水雷艇と誤認して砲撃し、漁船に破壊・沈没や漁師の殺傷を引き起こした事件）では、日本の同盟国イギリスの参戦さえ危惧され、ロシアの同盟国フランスが英露に仲介を試み、後述の国際審査で見事に解決した（4-(5)）。

最近の例では、一九六六年に、インド・パキスタン間の紛争が旧ソ連の仲介によるタシケント会談で一応解決し、一九七八年に前年のビーグル海峡仲裁判決の履行に絡んでチリとアルゼンチンの戦争の危険が高まったときローマ教皇が仲介し、またフォークランド紛争におけるアメリカ合衆国、ついで国連事務総長の斡旋の例などがある。

これらの例にみられるように、周旋や仲介は紛争当事国双方に何らかの大きな関係を有する第三者の影響力を背景としてなされることが多く、政治的紛争の解決に相当の効果を期待できる。しかし、仲介者の自発性に大きく依存しており、適切な仲介者を探し出すのに困難がある。

三　審査と調停

周旋と仲介手続は、先に見たように、根本のところでは外交交渉を超えてはいない。そこでの第三者は紛争当事者の間に立っているにすぎないからである。

紛争処理に介入する第三者が紛争当事者の上に立ち、独立の第三者として審査し判断する地位と権限を与えられると、紛争処理手段は客観化する。そこで、第三者として独立の委員会が設けられ、紛争当事者はこの委員会の前に出て争うという仕方が工夫された。

この第三者の権限は、まず紛争の事実問題だけの審査に限られ（国際審査委員会）、ついで紛争の法律問題の審査にまで及び（ブライアン国際審査委員会）、さらに紛争解決案の作成をも含むに至った（国際調停委員会）。しかし、いずれの場合にも第三者の判定は紛争当事者を拘束する力はなく、その点で、審査・調停は、第三者の判定が拘束力ある決定となる国際裁判手続と異なり、本質的に当事者間の和解の促進をはかる手続である。

(1) 審　査

審査（inquiry）は、一八九九年の第一回ハーグ平和会議においてロシアの提案にもとづき、国際紛争平和的処理条約の中で初めて設けられた制度であり、事実を審査し明確にすることによって紛争の解決をはかるものである。

国際紛争は、しばしば事実問題についての主張の食い違いが原因となって発生したり、あるいはその食い違いが解決を難しくしていることが多い。

そこで、「単ニ事実上ノ見解ノ異ナルヨリ生ジタル国際紛争」（国際紛争平和的処理条約九条）について、個人の資格で選ばれる委員によって構成される非政治的な中立的な国際審査委員会（international Commission of Inquiry）に事実を審査させ、紛争の解決を容易にしようとするものである。国際紛争平和的条約では、「名誉又ハ重要ナル利益」に関係する紛争は審査には付せられない。

審査の著名な例としては、審査制度が新設されて間もない一九〇四年のドッガー・バンク事件（4-(5)）がある。この事件は、前述のように、誤認による漁船の砲撃という単純なものであったが、（ロシア側が）イギリス漁船群のなかに日本水雷艇がまじっていたために砲撃したと主張したことと絡んで、イギリスの対露参戦まで危惧され、フランスの仲介によって、一九〇四年一月二五日サンクト・ペテルブルグ協定（197L.T.S. 232）（後述の仲裁裁判におけるコンプロミーに相当し、国際紛争平和的処理条約一〇条に定める審査条約）を結び英・露のほか、米・仏・墺の五海軍提督からなる審査委員会が設置され、翌年二月にイギリス側主張に有利な報告が発表された。ロシア政府は、この報告書にもとづいて、自国海軍の過ちを認め、イギリス政府に賠償を払って事件は落着した。

この成功に力を得て、一九〇七年の第二回ハーグ平和会議では国際審査委員会に関する規定を増補し、とくに審査手続に関する規則を完備しようとした。しかし、審査付託の任意性、審査対象が事実問題に限定されていること、委員会の非常設性という根本的性格は変えられなかった。

この点、アメリカ上院の反対により批准されずに終わった一九一一年のノックス条約（アメリカ合衆国が英・仏との間に調印した条約。Knox は当時のアメリカ国務長官）は、その定める混合審査委員会（Joint High Commission of Inquiry）はその審査対象を法律問題にまで拡げ、さらに委員会に解決策の提出権限も認め、委員会は常設のものではないが、一方の設置要求に応じる他方の義務を定める等の改善を試みた。

また、一九一三年から一四年にかけてアメリカ合衆国が三〇数国との間に結んだブライアン条約（Bryan は当時の国務長官）は、うち一九が批准されたが、それと前後して第一次世界大戦が勃発したためこれも大部分は実施されなかった。

ブライアン条約では、委員会が常設的なものとされ、そこに付託される紛争も、国家の名誉または重要利益に関する紛争も含め、外交交渉によって解決されなかったすべての紛争とされ、審査対象も事実問題に限らず法律問題も含むものとされたのである（ただし、ノックス条約と異なり、解決案を明示する規定はない）。また、ブライアン条約は、第一回ハーグ平和会議のロシア提案中にみられた戦争モラトリアム（猶予期間）の考えを採用し、委員会の審査中には、相手方当事国に向かって戦争宣言または武力行動に訴えない義務を課した。この点は特筆に値するものであり、第一次世界大戦後、国際連盟規約その他に採用された。

ノックス条約は批准されず、ブライアン条約は第一次世界大戦のためほとんどが実施されなかったが、両条約が国際紛争解決処理条約に加えた改良は、第一次世界大戦後の国際調停委員会の礎石を据えたものとして高く評価される。ハーグ国際審査委員会は、長い歴史にもかかわらず、ドッガー・バンク事件を含め、審査例はわずか五件である。一九一二年のイタリア・トルコ間の戦争中に生じたイタリア軍艦によるフランスの郵便船タビニャーノ（Tavignano）号の捕獲事件（ほかに、Camouna、Gaulois の二隻のテュニスの船が攻撃された事件も含む）、第一次世界大戦中の一九一六年にオランダ汽船チュバンティア（Tubantia）号のドイツ軍艦による沈没事件（外交交渉が長引き、一九二一年三月に審査条約が結ばれ、一九二二年審査報告）、同じく一九一七年にノルウェー船タイガー（Tigar）号がスペイン沖でドイツ軍艦に攻撃された事件（一九一八年審査報告）が第二次世界大戦前にあり（横田喜三郎『国際判例研究Ⅲ』）、いずれも、交戦国軍艦が中立国船舶を拿捕、攻撃、沈没させた事実を主題とした。それ以後四〇年の空白を置いて、一九六一年五月二九日夜、デンマークのフェロー諸島の漁業水域で違法操業の疑いで拿捕されたイギリスのトロール漁船レッド・クルセイダー（Red crusader）号事件について、国際審査委員会が設立され、翌六二年三月に審査報告がなされた（中村洸、慶應大学法学研究五六巻三号）。

(2) 調　停

調停（conciliation）は、審査に対する任意的手続として初めて一九二〇年三月二六日のスウェーデンとチリ間の条約（Convention concernant l'institution d'une Commission permanante d'Enquiète et de Conciliation（4 L.N.T.S.272 No.111.）にあらわれ、一九二一年一二月三日のドイツとスイスの条約（Schieds- und Vergleichsvertrag, Traité d'arbitrage et de conciliation）（12 L.N.S.T.272 No320）では仲裁裁判との相互的代替手段として規定されたが、要するに、非政治的な中立的な国際委員会があらゆる観点から紛争を審査し、紛争当事国の主張の調和をはかり、またみずから解決案を作成・勧告して紛争を解決しようとするものである。

調停制度の発展にとって重要な役割を担ったのは、一九二二年の国際連盟の決議である。国際連盟による紛争処理はきわめて政治性の高いものであり、また普遍性をもつものであるところから、ノルウェー、スウェーデンをはじめ多くの国が国家代表ではない個人からなる非政治的な中立的な国際調停委員会の制度を主張してきたことを背景に（日本の安達峰一郎が報告者となった第一委員会の総会提出報告書参照）、連盟総会がその有用性を認め、二国間の調停委員会による調停を勧告した。これによって調停条約がにわかに増加し、普及した。一九二五年にはフランスとスイスとの間に多くの範となった条約が結ばれ、またドイツとベルギー、フランス、チェコスロヴァキア、ポーランド、との間にそれぞれロカルノ条約（54 L.N.T.S.303,315,341,327）が結ばれた。この調停と裁判を組み合わせる方式は、一九二八年の国際紛争平和的処理に関する一般議定書に取り入れられた。一九二九年には米州調停条約も結ばれ、一九二五年から第二次世界大戦までに実に二〇〇もの調停条約が締結されたのである。

これら多くの条約にみられる調停の特徴は、次のようなものである。

第一に、調停委員会は、原則として常設的なもので二国間に設けられる。委員会は通常五名で構成され、各当事国がそれぞれ一名を選び、残る三名を合意で決める場合と、それぞれ二名を選び、残る一名を合意で選任する場合とがある。

第二に、紛争付託は当事国の合意による請求によって行うが、合意のない場合には当事国の一方の請求によって行うことができる。付託される紛争については各条約の定めるところによる。

第三に、委員会は、事実問題のみならず、法律問題を含めあらゆる観点から紛争の内容を審査し、場合によっては、適当と認める解決条件を提示することができる。

第四に、委員会は、当事国に和解をもたらすべく努力するが、最終的には解決条件の勧告を含む報告書を作成し、当事国に提示する。この報告書には、しかし、当事国を拘束する力はない。紛争の解決は結局のところ当事国双方の同意にかかっており、調停はその手続が裁判に類似したものをもっているにしても、外交交渉の延長という性格を色濃く有している。

なお、第五に、紛争当事国は、紛争を調停委員会に付託した以上は、調停手続進行中、委員会の提案に有害な影響を及ぼすおそれのある一切の措置を差し控え、一般的に紛争を悪化・拡大させるようないかなる行為もしてはならない義務を負っている。調停委員会の側にも、適当と認める仮措置を勧告する権限があり、条約によっては仮措置の指示に拘束力を認めるものもある。

さて、このように約二〇〇もの調停条約によって普及した調停制度も、その実績はあまりかんばしいものではない。第二次世界大戦前にはチャコ地方の国境紛争を処理したボリビア・パラグアイ審査調停委員会は特筆に値するが、ほかには数件ほど数えられるものの、いずれも重大な紛争ではなかった、こうしたことから政治的紛争を中立的な委員会によって処理させようとする国際調停制度の基本的矛盾が指摘された。

ところで、調停例は、制度誕生後今日までの六〇年間の戦前・戦後を合わせても、二〇件に達せず、第二次世界大戦後の例も少ない。タイとフランス領インドシナの国境問題を扱った一九四六年のフランス・シャム委員会（タイ政府は一九四七年一一月の委員会の報告書の受諾を拒否したが、ほどなく政権に就いたビブンが東部国境問題の終結を宣言した）、スパイ容疑の駐スイス・ルーマニア参事官の外交特権に関する一九四九年のスイス・ルーマニア委員会（ルーマニア政府が付託し、スイス国内裁判所の中断を求めたが、裁判所が有罪判決を下したので、委員会手続への参加を拒否）、ベン・ベラ（ベン・ベラは一九六二年ド・ゴールとの間で休戦協定エビアン協定を成立させ、翌年七月にアルジェリア民主人民共和国を建国。翌年大統領に就任した）その他のアルジェリア独立運動指導者を乗せた航空機の航路変更問題を扱った一九五七年のフランス・モロッコ委員会（ベン・ベラの証言問題をめぐって紛糾し、レバノンとモロッコの委員が辞任し、結局作業継続が不能となる。委員長シャルル・ド・ヴィシェール教授、委員にフランス大使とアゴー教授の五名）がある。

成功例としては、一九五二年ベルギー・デンマーク委員会、五五年のフランス・スイス委員会、五六年のイタリア・スイス委員会、同年のイタリア・ギリシャ委員会、の各調停があげられる。興味深いのは、各委員会の委員長は、順に、サンドストローム（スウェーデン）、ヴァン・アズベック（オランダ）、ジデル（フランス）、フランソワ（オランダ）といずれも著名な法学者であり、委員として、ロラン、マックネアー、アゴー、スピロプーロス等の国際法学者が参加しており、調停の対象である紛争が法律問題を含み、各委員会とも法律問題を審理し、しかも、「衡平を理由に」（pour des motifs d'equité、フランス、スイス調停）判断を下していることである。

こうして、調停は、いわゆる政治的紛争の処理のための方法としては必ずしも十分に機能しているとは思えない。しかし、政治的な重大な跳ね返りをもつとは思えない紛争で法律問題を含んでおり、紛争当事国が法の厳格な適用よりは衡平の考慮にもとづく解決を目指すときには、調停は有効性を発揮すると考えられる。ウィーン条約法条約や国連海洋法条約の定める「調停」にみられる諸国の法関心は、このようにみることができるであろう。

3　国際裁判

一　国際裁判とは何か

国際裁判（international arbitration）とは、独立の第三者が国際紛争を原則的に国際法を基準として審理を行い、紛争当事者を拘束する決定を行う手続であって、紛争当事者の合意を基礎とするものである。紛争当事者の合意を基礎とするというかぎりで、日本の仲裁手続に類似している。

国際裁判は、一九二一年に常設国際司法裁判所が設立されて以降、今日では、仲裁裁判（arbitration）と司法的解決（judicial settlement）（これを司法裁判と呼ぶ人もある）の二種が区別される。

この区別は、独立の第三者である裁判機関が、あらかじめ選任された裁判官からなる常設裁判所であるかどうかの違いにもとづいており、従来仲裁裁判しかなかったところに、国際連盟が生まれたことにより常設の裁判所である常設国際司法裁判所(Permanent Court of International Justice, PCIJ) が設立され、ＰＣＩＪによる仲裁裁判を「司法的解決」と呼び、区別した。このことが始まりで、仲裁裁判という言葉は、紛争の発生ごとに当事者の合意によって選ばれる裁判官による裁判に用いられ、常設の裁判所が、今日では、ＰＣＩＪの後継の国際司法裁判所のほか、ヨーロッパ共同体裁判所やヨーロッパや米州の人権裁判所等があり、司法的解決は、こうした常設裁判所による裁判のことを指すということができるであろう。

二　仲裁裁判

(1)　仲裁裁判の歴史

(a)　任意的仲裁裁判

近代国際法における仲裁裁判の歴史は、国際裁判の発達の歴史にほかならない。国際裁判の発達の端緒となったのは、一七九四年一一月一九日の英米間の友好・通商・航海条約いわゆるジェイ条約（Jay Treaty）（52 C.T.S. 243）であるといわれている。両国は、この条約によって混合委員会を設け、両国間の境界紛争（これの解決の委員会は三名によって構成）や国民の賠償請求に関する紛争（イギリス側の請求を扱う委員会もアメリカ側請求を扱う委員会も、ともに五名から構成され、双方が二名を任命し、これら四名が残る一名を選任）を付託して解決した。

それ以来、仲裁裁判の件数はしだいに増加し、一九世紀初めまでに二〇〇に近い事件が裁判に付託された。

日本が当事者となった初めての国際裁判は、一八七二年七月にペルーとの間に生じたマリア・ルース号（Maria Luz）事件である（4-⑹）。

両国の交渉によって翌一八七三年六月、ロシア皇帝の裁判に付すことを約定した（一八七五年判決、日本勝訴）。この紛争を裁判に付すことについては、日本側が率先して主張したが、それはアメリカ公使の助言と影響力とによるといわれる（石本泰雄「明治期における仲裁裁判――若干の考察」）。この間の一八七二年九月に、南北戦争の際のイギリスの中立義務違反をめぐって長年英米間で争われてきたアラバマ号（Alabama）事件（4-⑺）が見事に解決し、アメリカが勝訴していたので、それが刺激となったであろうことは容易に想像される。

ところで、当時の仲裁裁判は、このように、国家間に外交手段で解決しない紛争が生じたときに、これを付す旨を約束する協定（これを通常コンプロミー（compromis 付託合意）と呼ぶ）が当事者間に結ばれ、その後に裁判が行われた。このコンプロミーの中で紛争当事国は、まず、誰を仲裁者にするかを決定し（通常は第三国の元首や混合委員会）、次に、解決を依頼するのはどういう問題か（これを紛争の対象（仏 objet）または事項（英 subject matter）という）を規定し、その他審理手続等を定める。このように、諸国は、任意に裁判付託に合意し、みずから裁判官を選任し、これにその紛争限りの裁判を行わせたのである。つまり、国際裁判の初期の形態は、いわゆる任意的仲裁裁判であった。しかし、このような裁判形態は、裁判による紛争処理を効果的に行うには適当ではないことは言うまでもないであろう。

そこで、仲裁裁判が盛んに利用されるためには、まず第一に、諸国が将来発生するであろう紛争について、外交交渉などによって解決できなかった場合には、必ず仲裁裁判に付すことを前もって約束しておくこと、つまり、裁判付託義務を設けておくことが工夫されることになる。

次に、国家間の条約によって、構成・裁判基準・裁判手続が定められている常設国際法廷の設置である（常設国際法廷については、後述の「司法的解決」において触れる）。

(b) 義務的仲裁裁判

さて、裁判付託義務は、すでに一八二〇年代からラテンアメリカ諸国間の条約に始まり、やがてヨーロッパ諸国間にも及んだ仲裁裁判条項（clause d'arbitrage または clause compromissoire）の形式で始まった。これは、二国間の通商航海条約、友好条約、犯罪人引渡条約などのなかに、主として当該条約の解釈または適用から生じる紛争を仲裁裁判に付託して解決することを約束する条項（これを特別仲裁条項と呼ぶ）、ときには当該条約から生じる紛争に限定しないで、広く条約当事国間に生じる将来の紛争を仲裁裁判に付託することを定めた条項（一般的仲裁条項と呼ぶ）を挿入するというやり方である。

一八七二年のアラバマ号事件の仲裁裁判の成功に刺激されて、仲裁裁判条項の採用は広く普及した。しかし、仲裁裁判のことを独立して扱う仲裁裁判条約は、ラテンアメリカの若干国間やラテンアメリカ諸国とヨーロッパの若干の諸国に締結された例が一九世紀にいくらかみられるだけである。

① ハーグ条約

二六ヵ国が参加した一九八九年の第一回ハーグ会議（一九〇七年の第二回会議には一九世紀に独立したラテンアメリカの諸国が参加し参加国は四七ヵ国を数えた）は、参加国を網羅する多数国間条約としての仲裁裁判条約を創ることを企てたが、仲裁裁判付託義務を定めることはできず、国際紛争平和的処理条約を採択した。しかし、義務的仲裁裁判制度の樹立には失敗した。

国際紛争平和的処理条約は、「締約国ハ、法律問題（les questions d'ordre juridique）就中国際条約ノ解釈又ハ適用ノ問題ニ関シ外交上ノ手段ニ依リ解決スルコト能ハサリシ紛争ヲ処理スルニハ、仲裁裁判ヲ以テ最有効ニシテ且最公平ナル方法ナリト認ム」（一六条、第二回会議の同条約三八条一項）と規定したにとどまったが、このハーグ条約は、仲裁裁判手続や判決の拘束力に関する比較的詳しい規定（第一回条約三〇条―五七条、第二回条約五一条―九〇条）を設けており、これは紛争当事国間のコンプロミーによって異なる定めをしなかった場合に補充的に適用されるべき規則（第一回条約三〇条、第二回条約五一条）であり、その後の仲裁裁判条約手続に有益な指針を与えることとなった。

② 英仏条約

ハーグ会議は、先に触れたとおり、多数国間の義務的仲裁裁判条約を作成できなかったが、二国間または多数国間条約による義務的仲裁裁判条約の普及を勧告した。これが二〇世紀初頭に、諸国に「法律的性質の紛争」を仲裁裁判に付して解決する条約を締結させる契機となった。

ヨーロッパ諸国で最初の、しかも、大国間の裁判条約として、一九〇三年一〇月一四日、英仏間に仲裁裁判条約（両政府間に生ずる若干の部類の問題の仲裁裁判による解決のための英仏間協定）（194 C.T.S. 194）が締結された。この条約は、以前にもすでに触れたように、若干国間に義務的仲裁裁判条約が結ばれていたが、英仏両国は当時の国際関係に大きな影響力をもった国であったので、仲裁裁判条約の普及に弾みをつけることとなった。一九〇八年の日米間の一般仲裁裁判条約（General Arbitration Treaty）もこの英仏条約をモデルとしたものであり、第一次世界大戦前夜の一九一三年には有効な裁判条約は一三二を数えていたといわれる。その大部分が英仏条約に範をとったものであった。

英仏条約は、「法律的性質の紛争（仏 les differends d'ordre juridiques, 英 differences...of a legal nature）または両締約国間に存する条約の解釈に関する紛争が今後両国間に発生し、外交の道によって解決され得なかったときは、一八九九年七月二九日の条約によってハーグに設けられた常設仲裁裁判所に付託するものとする。ただし、その紛争が両締約国の死活的利益にも、独立にも名誉にも影響するものでなく、また第三国の利益にも触れないものであることを条件とする」（一条）と定めた。

この英仏条約およびその他の裁判条約も法律的性質の紛争につき仲裁裁判義務を認め

たが、死活的利益等に関する紛争に留保を付し、また個別事件ごとに紛争の対象や裁判官の権限などを定めるコンプロミーの締結（たとえば、英仏条約一一条参照）が必要であり、実効の薄いものであった。「しかしこういう羊頭狗肉の条約を作って自国の平和的精神を中外に示そうとする政府を非難する前に、これらの条約が義務的仲裁裁判の揺籃期であることを思い浮かべねばならぬ。むしろハーグ会議以後、諸国が平和的解決を尊重する意図を何らかの形で表わすジェスチュアをとる必要に迫られてきた事実に注目すべきであろう」（田岡良一）。

③ 国際連盟規約

第一次世界大戦後、平和条約の一章をもって国際連盟が設立され、連盟規約は加盟国間に「国交断絶ニ至ルノ虞アル紛争」（any dispute likely to lead to a rupture）が生じたときは、この紛争を仲裁裁判に付すか、連盟理事会の審査に付すべきこととした（一二条一項）。そして、「条約ノ解釈、国際法上ノ問題、国際義務ノ違反トナルヘキ事実ノ存否、該違反ニ対スル賠償ノ範囲及ヒ性質」に関する紛争、一般的に仲裁裁判に付託するのに適する（generally suitable for submission to arbitration）と規定した（一三条二項）。

ここに、四種類の紛争が仲裁裁判による解決に適するものであることが声明されたのである。

そして、国際連盟は常設国際司法裁判所の設立に努力し、これが一九二一年に設置されると同時に、国際連盟規約も修正され、「仲裁裁判」という文言は「仲裁裁判又ハ司法的解決」（judicial settlement）」と改められた。こうして、前述のように、「仲裁裁判」は従来の ad hoc 裁判所（紛争当事国のコンプロミーによって設けられるその事件限りの仲裁裁判所）による裁判を示す言葉として残り、この常設法廷による裁判を示すために「司法的解決」という言葉が国際連盟の公式用語として採用され、現在に至ったのである。

なお、第一次世界大戦後に注目される現象は、先に触れたように、一九二八年の国際紛争平和的処理に関する一般議定書（一九四九年改正）に代表されるように、調停と裁判を有機的に結合し、両制度の機能をそれぞれ生かそうとする試みがなされたことである。しかし、第二次世界大戦後には、国際連合による政治的処理を除けば、さほど見るべきほどの進展はない。

(2) 仲裁裁判所の構成と機能

仲裁裁判所は、当事国の合意によって構成され、裁判官が一人の場合と複数の場合とがある。一人の場合には、多く第三国の元首が選ばれるが、パルマス島事件（4-(8)）のように、著名な法学者が選ばれる例もある。また、第三国の元首が選任される場合でも、最近の例では、アルゼンチン＝チリ国境事件（一九六六年二月判決）では、イギリスのエリザベス女王が仲裁裁判官となったが、その下にマックネアー（MacNair）（イギリスの高名な法学者）ら三名の仲裁裁判所が設けられ、同じくエリザベス女王が選任されたアルゼンチン＝チリ間のビーグル海峡事件（一九七七年四月判決）では、裁判長フィッツモーリス（Fitzmaurice）（イギリス）のもとに、ディラード（Dillard）（米）、グロ（Gros）（フランス）、オニエアマ（Onyeama）（ナイジェリア）、ペトレン（Petoren）（スウェーデン）の五名の国際司法裁判所裁判官からなる仲裁裁判所が設置され、これらの合議機関の結論を判決とした。

複数の場合には三名または五名で構成するのが普通であり、当事国がそれぞれ同数の裁判官を選び、残りを合意で選任する。たとえば、インド・パキスタン間のラン・オブ・カッチ（Runn of kutch）事件（一九六八年二月判決）では、裁判所は三名から構成され、英仏間大陸棚境界画定事件（4-(9)）（一九七七年六月判決）では五名で構成された。

なお、仲裁裁判ではないが、カナダとアメリカが当事者となって一九八一年一一月にメイン湾の大陸棚・漁業水域の境界画定を国際司法裁判所に合意付託した事件では、初めてのことであるが、国際司法裁判所の ad hoc 裁判部が設けられた。国際司法裁判所から伊・仏・独・米の裁判官が選ばれ、四人のうちに米国人裁判官が含まれるので、カナダは ad hoc 裁判官に自国民を選任し、計五名で裁判が行われた（一九八四年一〇月判決）。

一八九九年の第一回平和会議で採択された国際紛争平和的処理条約が、仲裁裁判所付託を容易にするために設立することとし（二〇条）、一九〇七年の第二回会議の改正条約でその維持が確認された（四一条）常設仲裁裁判所（Permanent Court of Arbitration）では、実際に裁判にあたるのは仲裁裁判部であるが、事件を担当する裁判官は「裁判官総名簿」（四四条）のなかから選出するものとされ（四五条一項）、構成につき当事国間に合意のない場合には次の方式による（同条二項）。
当事国がそれぞれ二名（自国民、または自国が仲裁裁判官として任命したものは一名に限る）を指定し、これらの四名が合同して一名の上級裁判官を選定する。四名の投票が同数に分かれた場合には、当事国が協議の上指定した第三国にその選定を委託する。なお、以上の通常裁判部のほかに、当事国が合意すれば、三名からなる簡易裁判部を構成することができる（八六条以下）。

さて、仲裁裁判所は当事国が付託するいかなる紛争も取り扱い、一九〇七年の国際紛争平和的処理条約は、仲裁裁判の目的を「法ノ尊重ヲ基礎トシ」（sur la base du respect du droit）、紛争を処理することとした（三七条）。したがって、ほとんどの場合、仲裁裁判所が適用するのは国際法であるが、しかし、裁判基準も当事国が条約やコンプロミーで決めることができるので、司法的解決に比し、はるかに柔軟性がある。

たとえば、アラバマ号事件を仲裁裁判に付した一八七一年五月八日の英米両国間のすべての紛争原因の友好的解決のための条約（Treaty between Great Britain and United States for the Amicable Settlement of all Causes of Differences between the two Countries）

いわゆるワシントン条約（143 C.T.S.145）では、英米両国が交渉によって合意した中立国の義務に関する、いわゆるワシントン三原則が裁判基準として規定され、また、現在でも国際環境法分野の基本判例であるトレイル溶鉱所事件（Trail Smelter Arbitration）（4-⑽）では、一九三五年四月一五日のアメリカ合衆国とカナダ間の特別の仲裁裁判条約（コンプロミーの性質をもつ）（Convention for the Final Settlement of the Differences arising through Complaints of Damage done in the State of Washington by Fumes discharged from the Smelter of the Consolidated Mining and Smelting Company. Trail, British Columbia）（162 L.N.T.S. 73 No 3735）において、国際法とともに、アメリカ合衆国で同種の問題を処理するために採られている、法と慣行をも、裁判基準として採用したのである。

仲裁裁判の場合には、さらに、衡平と善による裁判を行い得ることが一般に認められている。また、一九二八年の国際紛争平和的処理に関する一般議定書のように、「当事国が互いに権利を争う」いわゆる法律的でないもの、いわゆる政治的紛争について、コンプロミーに規定がないときやコンプロミー自体がないときには国際法を適用するが、

「紛争に適用しうべき右のような規定が存在しない場合には、仲裁裁判所は、衡平と善に基いて裁判を行う」（二八条）とする。

仲裁裁判は、このように、紛争の性質によっては、紛争当事国に納得のいくような裁判所構成や裁判基準等とすることができるため、現在でも有用であり、また現に利用されており（最近の仲裁裁判としてたとえば一九七七年六月三〇日の英仏間大陸棚境界画定や一九八五年二月一四日のギニア＝ギニアビサウ間の海の国境画定――89 RGDIP 484-）、司法的解決との併用が望ましい。

(3)　仲裁裁判手続と仲裁判決の効力

仲裁裁判の手続は、コンプロミーによって定める。国際紛争平和的処理条約は第五一条以下に詳細な規定を置いているが、これは当事国が別段の協定をしなかったときの補充規定である。と同時に、すでに指摘したように、当事国がコンプロミーを結ぶときの指針となっている。

仲裁裁判は当事国を拘束し、当事国はこれを履行する義務を負う。判決は一審をもって終結とするのが原則である。こうしたことは、次に述べる司法的解決の場合と変わらず、国際裁判に共通のことである。

三　司法的解決

司法的解決とは、国際紛争が常設的裁判機関の法的拘束力のある決定によって解決されることであり、仲裁裁判から発展した。司法的解決は、二〇世紀に入り、一般的または特定的裁判管轄権をもつ法廷（courts of general or specialized jurisdiction）がいくつか設立されたことにより、利用可能になったものである。

特定的なものとしては、すでに消滅した一九〇七年の中米五ヵ国（エルサルバドル、ニカラグア、コスタリカ、ホンジュラス、グアテマラ）条約によって設立された中米司法裁判所、現在のヨーロッパ共同体司法裁判所、ヨーロッパ人権裁判所、米州人権裁判所があり、一般的なものとしては「世界法廷」（World Court）と呼ばれている常設国際司法裁判所（Permanent Court Of international Justice, PCIJ）（一九一九年の平和処理の一環として設立された）と、その後身の国際司法裁判所（International Court of Justice, ICJ.「国際連合の主要な司法機関」として一九四五年に創設された）とがある。

裁判の在り方は、一般的管轄をもつ世界法廷と特定的管轄を付与されている欧米の各人権裁判所のような法廷とでは異なり、前者が当事国中心構造を鮮明に示し、判決も当事者しか拘束しないのに対し、後者は当該裁判所を設置した条約の秩序、いわば公序維持という基本的性格をもっており、判決も単に集積されるというのではなく、明確に判例法を形成する。

もっとも、同じく特定的管轄をもつとはいえ、一九六五年の「国家と他の国家の国民との間の投資紛争の解決に関する条約」、いわゆる投資紛争解決条約が世界銀行に設置した投資紛争解決センターは、公序維持という性格はもたず、国家と他国民との間の紛争が容易に国家間紛争、つまり国際紛争に転化することのないように、これら紛争の調停・仲裁裁判を行うことを目的としており、人権裁判所とはその機能に差異がある。

国際社会に発生する国際紛争を減少させることは、国際社会の平和に寄与することであり、こうした「国際紛争への転化の防止」という法技術が一層深められ、さらに採られるべきである。しかし、本書ではとりあえず世界法廷のみを論じる。

(1) 国際司法裁判所の設立

一般的管轄をもつ最初の国際裁判所は、常設国際司法裁判所であり、両大戦(第一次世界大戦と第二次世界大戦)の間に機能した。

常設国際司法裁判所は、国際連盟規約第一四条にもとづいて一九二〇年にその規定が作成され、国際連盟の理事会と総会とによって承認され、一九二一年九月一日に発効した。常設国際司法裁判所規程は、このように、国際連盟規約とは別個の独立の一つの条約としてつくられ、国際連盟加入国が当然に裁判所規程加入国となるものとはされていなかった。しかし、第二次世界大戦勃発の前年一九三八年には、規程当事国は五〇ヵ国に及んでいた。

第二次世界大戦の終結に先立って、連合国は、周知のように、戦後の国際機構の設立計画を進め、一九四四年八〜九月のダンバートン・オークス(ワシントンDC近郊の邸宅で庭園が美しい)会議で、国際連合の一部として国際司法裁判所を設置することを決定した。これは、常設国際司法裁判所の伝統を受け継ぐことが望ましいが、米ソ両国が同裁判所の当事国でなかったことなどから新しい裁判所の設置に至ったものである。しかし、国際司法裁判所規程は、わずかな修正を施しただけで、ほぼそのまま常設国際司法裁判所規程を受け継いだ（国際連合憲章第九二条参照）。

とくに、裁判所の管轄については、両裁判所の引継ぎが明確に規定され、第一に、現行諸条約が国際連盟の設けた裁判所または常設国際司法裁判所に、ある事項を付託することと規定している場合には、その事項は、国際司法裁判所規程当事国の間では、国際司法裁判所に付託されることとされ（国際司法裁判所規程三七条）、第二に、常設国際司法裁判所規程第三六条にもとづいて行われた裁判所の義務的管轄権受諾宣言で、なお効力をもっているものは、国際司法裁判所の義務的管轄を受諾しているものとみなされた（三六条五項。ただし、一九五五年七月二七日の航空機撃墜事件に対する国際司法裁判所の一九五九年五月二六日判決参照）。

ところで、常設的な国際裁判所の設置は、一八九九年の第一回ハーグ会議において提案され、イギリス案にもとづいて「常設仲裁裁判所」（Permanent Court of Arbitration）

に関する規定が国際紛争平和的処理条約の中に設けられた（二〇条以下。一九〇七年の第二回条約四一条以下）。この裁判所は、国際法に精通した徳望高い人の中から各国が四名以内で任命した裁判官（国別裁判官団 les groupes nationaux，国際司法裁判所規程四四条。）全員によって構成される。

しかし、個々の事件の裁判は、前述のように、この裁判官全員によって行われるわけではなく、ハーグにある事務局が作成した裁判官総名簿の中から紛争当事国が合意によって選んだ裁判官によって行われる。したがって、この常設仲裁裁判所は真の意味の「常設性」をもたず、裁判官名簿により便宜を提供したものであった。

そこで、一九〇七年の第二回平和会議において、一定数の裁判官が常時勤務する本当の意味の「常設」裁判所の構成について議せられたが、裁判所の構成について、実際政治における特権的地位を裁判所構成にも反映させようとする大国と、国家平等を貫こうとする小国とが対立し、「常設」裁判所は実現しなかった。

これが実現したのは、国際連盟の出現によって、大国が常在的議席をもつ「理事会」と、すべての加盟国が表決権をもつ「総会」とを二つの選挙会とし、双方においてともに過半数を得た候補者を裁判官として任命する方式が採用されることによって、大国も小国もそれぞれにある程度の満足が与えられたからである。そして、常設国際司法裁判所のこの方式は、国際連合の「安全保障理事会」と「総会」とを選挙会とすることによって国際司法裁判所に受け継がれた（国際司法裁判所規程八条以下。安全保障理事会の五常任理事国は、中国が候補者を立てなかった時期を除き、常に国際司法裁判所に裁判官を擁している）。

こうして、国際司法裁判所の裁判官の選挙は一九四六年二月に実施され、同年四月一八日にハーグで裁判所の開所式が行われた。他方、同じ一八日、国際連盟の最終総会は、同総会の翌日をもって、国際連盟とともに、常設国際司法裁判所も解散されることを決議した。

(2) 国際司法裁判所の構成

国際司法裁判所は、常設国際司法裁判所と同様に、ハーグに置かれ、徳望が高く、各自の国で最高の司法官に任じられるのに必要な資格をもつ者か、国際法に名のある法律家のうちから選挙される一五名の独立の裁判官の一団で構成される（国際司法裁判所規程二条、三条）。裁判官は、前述した常設仲裁裁判所の国別裁判官団（岩澤雄司裁判官が選出された当時の日本の国別裁判官団は、小和田恆元国際司法裁判所裁判官、柳井俊二国際海洋法裁判所（ＩＴＬＯＳ）裁判官、村瀬信也上智大学名誉教授、薬師寺公夫立命館大学教授の四名からなっていた）が指名する四名を超えない数の候補者（うち自国民は二名以内）の名簿の中から、国際連合の総会と安全保障理事会が格別に選挙を行い選出される（同四条、五条）。選挙人は、選挙にあたって、選ばれる裁判官の資格のみならず、裁判官全体のうちに世界の主要文明形態および主要法系が代表されるべきものであることに留意しなければならない（同九条。実際には地理的配分が考慮される）。裁判官の任期は九年で、三年ごとに行われる選挙により、五名ずつ更新される。ただし、再任を妨げない（同一三条）。

日本人としては、一九六一年から一九七〇年まで田中耕太郎が裁判官を務め、その後一九七六年に小田滋が就任し、一九八五年から二期目に入り任期満了で退任。その後小和田恆が就任、現在は、岩澤雄司が務める。

裁判官には自国が当事国である裁判にも出席する権利があり、紛争当事国は、自国籍の裁判官が裁判官席にいない場合には、当該事件に限り、特別の裁判官を選任し、裁判に参加させる権利を認められている（同三一条）。こうした国籍裁判官の存在には、批判もあるが、裁判による紛争解決の促進の観点からは、あながち否定し去るべきものでもない。

(3) 国際司法裁判所の管轄権

(a) 裁判所の当事者

裁判の当事者は、それぞれの裁判所を設ける条約によって定まる。国際司法裁判所規程は、「国のみが裁判所に係属する事件の当事者となることができる」と定める（三四条一項）。国際連合加盟国は、当然に国際司法裁判所規程当事国である（国連憲章九三条一項）ので、無条件に当事者資格をもち、国際連合加盟国でない国も、国際連合加盟前の日本のように、安全保障理事会の勧告にもとづいて総会が定める条件で（同条二項）、裁判所規程当事国となる国は、裁判所の当事者となることができる（国際司法裁判所規程三五条一項)。国際司法裁判所規程の当事国でない国でも、安全保障理事会の定める条件で、紛争を裁判所に付託することができる(同条二項)。前述の北海大陸棚事件(4-(2))においてドイツ連邦共和国はこれを利用した。したがって、国際司法裁判所は事実上、世界のすべての国に開放されているということができる。

個人や国際機構は、国際司法裁判所に対する出訴権を認められていない。しかし、国際機構の場合、たとえば、国際連合の特権及び免除に関する条約では、国際連合と加盟国との間の紛争については国際司法裁判所に勧告的意見(advisory opinion)を要請し、この意見を最終的なものとして関係当事者が受諾する(八条三〇項)とすることにより、本来は法的拘束力をもたない勧告的意見に実質的に裁判判決と同じ効果を与える場合がある。

(b) 裁判所の管轄

裁判所の管轄は、紛争当事国の同意に基礎を置いている。この同意原則は、司法的解決の場合にも仲裁裁判と同様に基本的なものであり、ある特定事件の当事国がすべて同意を与えているのでないかぎり裁判所には判決を与える管轄権はない。

国家の同意は、いろいろな方式で与えられる。紛争発生ごとに交渉によって合意することもあるが、国家間の争いごとを裁判によって解決してしまう制度を国際社会に樹立することこそ、世界の平和のために肝要であるという視点からは、紛争発生前にあらかじめ裁判に付託することを約束しておくことが必要であり、個別条約ごとに当該条約の解釈・適用をめぐる紛争の裁判付託を、約束する条項や議定書を設けることのほか、一般に紛争の裁判付託を約束する選択条項（optional clause、任意条項ともいう）の制度が重要な意味をもっている。

(i) 裁判付託条約・応訴管轄

紛争発生後に国際司法裁判所の管轄権の行使に同意する、最も普通に用いられる方法は、仲裁裁判のコンプロミー（付託合意）と同様の特別協定の交渉である。コンプロミーには、通常、①紛争の対象、②裁判基準、③裁判所の構成、④裁判手続、等に関する規定が設けられるが、国際司法裁判所に付託するには、③と④は不要であり、①と、場合によって、②とが規定される。コンプロミーは、一九七八年一二月に付託されたチュニジア＝リビア大陸棚事件（一九八二年二月二四日本案判決）のように、紛争当事国が裁判所の間にいかなる管轄権のつながりももたない場合に結ばれるが、管轄権の基礎がある場合にも、たとえば、ホンジュラスとニカラグア一九五八年七月に付託したスペイン国王の下した仲裁判決の効力に関する事件（一九六〇年一一月一八日判決）では、両国ともに国際司法裁判所規程第三六条二項の選択条項受諾宣言をしていたにもかかわらず、別途一九五七年七月二一日にワシントン協定（付託合意）を結んで裁判所に付託したように、新にコンプロミーが結ばれることがある。

紛争発生後に、事前に管轄権の基礎がないにもかかわらず、紛争の一方の当事国が他方の当事国を一方的に国際司法裁判所に訴えることがある。この一方的な提訴に対して、他方の当事国が明示的に同意を表明するか、または管轄権を争う先決的抗弁を提起せず本案を争うなど、黙示的同意を推定できる場合には、裁判管轄権が成立する。これは、応訴管轄（forum prorogatum）と呼ばれ、一九二八年の少数者学校事件に関する常設国際司法裁判所判決や、一九四八年のコルフ海峡事件（4-⑾）に関する国際司法裁判所判決（一九四八年三月二五日先決的抗弁判決）によって確認・発展させられた。

(ii) 裁判条項

紛争発生前に、あらかじめ国際司法裁判所に紛争を付託することを約束する方法は、二つに大別される。一つは、事前の裁判条約の締結と裁判条項の挿入であり、他は国際司法裁判所規程に定める選択条項の受諾である。

まず、二国間条約または多数国間条約で、当事国の紛争を調停、仲裁裁判または司法的解決に付すことをあらかじめ約束するか、あるいは、友好、通商、航海、航空、文化的・社会的または経済的協力等々の諸問題を扱う条約の一条項として、当事国間に発生することのある紛争を、国際司法裁判所に付託して解決することを約束する裁判条項をあらかじめ設けることによって、付託義務が生じる。

多数国間条約としては、一九二八年の国際紛争平和的処理に関する一般議定書（一九四九年改正。日本は未加入）、一九四八年の平和的解決に関する米州条約（ボゴタ条約）、一九五七年の紛争の平和的解決のためのヨーロッパ条約がある。しかし、これらの条約は、一般議定書加入国が一〇指をもって数えられるように、一般的にあまり支持されていない。

日本は、戦前、アメリカ合衆国、スイス、オランダの三国との間にそれぞれ裁判条約を結んだが、戦後にはこうした条約を全く締結していない。

各種の条約に挿入される裁判条約によって、国際司法裁判所に条約当事国間の紛争、通常は当該条約の適用・解釈に関する紛争を付託することを約束する例がある。国際連盟以来のこの慣行は、しかしながら、ソ連および社会主義諸国が条約本体に裁判条項を挿入することを嫌うため（たとえば、集団殺害罪の防止及び処罰に関する条約（ジェノサイド条約）九条に対するソ連等の留保参照）、条約本体とは別個の付属議定書による方式が採用された。一九五八年の海洋法諸条約がそうであり、また、テヘラン米国大使館員等人質事件（4－⑿）（一九七九年一二月一五日仮保全措置命令、一九八〇年五月二四日本案判決）で裁判管轄権の基礎となった一九六一年の外交関係に関するウィーン条約、一九六三年の領事関係に関するウィーン条約に付された紛争の強制的解決に関する議定書（アメリカ合衆国およびイランがともに当事国であった）等がそうである。これらの裁判条項や付属議定書の一覧は、『国際司法裁判所年鑑』（Yearbook）に見られるとおりである。

(iii)　選択条項

国際裁判は、前述のように、紛争当事国の同意を基礎にしており、紛争を平和的に処理することによって国際平和を実効的に維持するには、裁判付託を紛争当事国の任意に任せることをせず、できるだけ義務的にすることが望まれ、こうして裁判条約の締結や条約への裁判条項の挿入がはかられてきた。しかし、それだけでは不十分であり、裁判付託を一歩進める試みが第一次世界大戦後に行われ、その結果出現したのが選択条項の制度、現在の国際司法裁判所規程第三六条二項である。

次のように規定する。

「この規程の当事国である国は、次の事項に関するすべての法律的紛争についての裁判所の管轄を同一の義務を受諾する国に対する関係において当然に且つ特別の同意なしに義務的であると認めることを、いつでも宣言することができる。

a　条約の解釈

b　国際法上の問題

c　認定されれば國際義務の違反となるような事実の存在

d　国際義務の違反に対する賠償の性質又は範囲」

この受諾宣言は、無条件で、多数の国もしくは一定の国との相互条件で、または期間を付して行うことができるとされ、受諾宣言は、国連事務総長に寄託され、それによって効力を発生する。

日本は、一九五八年九月一五日に当時の国連大使から事務総長に対し、受諾宣言を書簡により寄託した。

なお、日本はフジモリ元ペルー大統領に絡む経験（＊）から、特定紛争のみを争う訴訟を回避するため二〇〇七年に新に留保を追加した選択条項受諾宣言を行った。

なお、また日本は、南極海における調査捕鯨をめぐって、二〇一〇年五月三一日オーストラリアに訴えられた南極海捕鯨事件（＊＊）で敗訴し（二〇一四年三月三日判決）、新たに「海洋生物資源紛争を除外する留保」を二〇一五年一〇月六日に行った。

＊　日本国籍をもつフジモリ元ペルー大統領は、辞任後日本に滞在していたが、ペルー政府は同元大統領が在任中に人道に反する罪等を犯したとして引渡しを求め、引き渡さない場合には国際司法裁判所への提訴も辞さないとして、二〇〇三年七月に選

択条項受諾宣言を行った。しかし、二〇〇五年にフジモリ元大統領は自らの意思で日本を出国し、ペルーに入国し逮捕。日本・ペルー間の問題は国際裁判に至らなかった。これを契機に新たな留保を追加した。

＊＊ 日本は国際捕鯨条約において調査捕鯨が認められると解釈し、特別許可証を発給してこれを行ってきたところ、条約違反とされ、日本は捕鯨許可証の撤回を命じられた。結局、二〇一九年六月三〇日、条約から脱退し、翌月から捕鯨を再開した。

① 選択条項の沿革

国際連盟において常設国際司法裁判所の設置が議せられた際、国際連盟の法律家委員会は、国際連盟規約第一三条二項で「一般ニ仲裁裁判（又ハ司法的解決）ニ付シ得ル事項ニ属スルモノナルコトヲ声明ス」とされた四種の紛争（条約の解釈、国際法上の問題、認定されれば国際義務の違反となるような事実の存在、国際義務の違反に対する賠償の性質または範囲）が国際連盟加盟国間に発生した場合には、常設国際司法裁判所がこれに対する強制的管轄権（義務的管轄権）をもつことを明文で規定する案を作成した。しかし、この委員会案は連盟理事会に付議されるや、理事会によって斥けられ、裁判所に強制的管轄権を与える規定は削除されてしまった。ところが、こうして理事会によって修正された裁判所規程草案が連盟総会に付議されたとき、小国が裁判所への強制的管轄付与規定の復活の声を上げ、大国と対立した。この大国と小国の対立を解く妥協案としてブラジル代表が案出したのが選択条項の制度である。

すなわち、当時の諸国に一気に裁判所の強制的管轄権を認めさせるのは時期尚早であるので、進んで裁判所の管轄権を受諾する意思をもつ諸国の間だけでまず裁判の義務化を実現させ、将来裁判所の管轄権を受諾する意思をもつ国が増加するにつれて法律家委員会案の理想に近づくことができることを期待したもので、内容としては、裁判所規程加入それ自体からは右の四種の紛争について裁判所の強制的管轄に服する義務が生じないことを明確にし、他方、規程加入国は四種類の紛争の全部または一部について裁判所の管轄権を承認する宣言をいつでもすることができ、この宣言をした諸国間では、同一の義務の範囲内で、当事国の一方の付託によって裁判所がこの紛争の裁判を行うことができる、としたものであった。この案が連盟総会において可決され、常設国際司法裁判所規程第三六条二項となった。

国際司法裁判所の管轄権についても、四種の紛争について義務的とすることは行われず、根本的には常設国際司法裁判所の場合と同様である。常設国際司法裁判所の場合、選択条項受諾宣言は四種の紛争の「全部またはいずれか」とされていたが、国際司法裁判所では全部について行うことこそが必要とされた。しかし、この変更は、裁判の義務化へ向かっての進歩というほどのことはなく、常設国際司法裁判所における諸国の受諾宣言が一つを除き「全部」の種類について行われていた慣行に沿ったものに過ぎず、重大な変化をもたらすものではない。

② 受諾宣言の期限と留保

選択条項受諾国の数は、第二次世界大戦前の最盛期一九三四年においては四二ヵ国に達し、裁判所規程加盟国の五分の四を超えていた。ところが、一九八五年現在選択条項を受諾していた国の数は四七ヵ国であり、裁判所規程加盟国総数は、国際連合加盟一五九国に前述のスイス、リヒテンシュタイン、サンマリノの三ヵ国を加えた一六二ヵ国であったので、全体の三分の一にも達しておらず、きわめて特徴的なことは、当時のソ連および社会主義諸国がまったく受諾していなかったことと、一〇〇ヵ国ほどの戦後独立国のうちわずか十数ヵ国が受諾宣言をするにとどまっていたことであろう。しかも、ラテンアメリカ諸国と西欧諸国が比較的多く受諾していたとはいえ、それらの受諾宣言の大多数に期限と留保が付せられていた。一口で言って、選択条項制度は、このように予期に反して、凋落の一途をたどってきていると言われたものである。

現在の国連加盟国数（したがって裁判所規程加盟国）は、前述のスイス等も加盟し、一九三ヵ国である。うち選択条項受諾宣言国は、期限や留保が付されてはいるものの、国際司法裁判所の二〇二二年一二月現在の情報では七三ヵ国であり、戦後独立のアフリカ二〇ヵ国、東欧諸国が六ヵ国、日本を含むアジア六ヵ国であり、その他はラテンアメリカ諸国と西欧諸国である。

選択条項受諾宣言は、国際司法裁判所規程によれば、「無条件で、多数の国若しくは一定の国との相互条件で、又は一定の期間を付して行うことができる」（三六条三項）。

そこで、第二次世界大戦時の連合国（United Nations）の五大国、米・英・仏・中・露は大戦後の平和機構として大戦末期に創設した国際連合（United Nations）の「主要な司法機関として」国際司法裁判所を置き、裁判官を送り込み、これら諸国は同じく主要機関である安全保障理事会常任理事国として現に多大の影響力をもっている。

しかし、一九五五年に第二次世界大戦中の枢軸国であったイタリアをはじめとする諸国、翌五六年に日本、ドイツは分割占領され、東西の分裂国家として一九七三年になって国連同時加盟。一九九〇年に統一を果たす（分裂国家の統一について、芹田著作集第11巻『新国家と国際社会』参照）。日・独・伊等が国際連合に加入した段階で、第二次世界大戦の分断・対立の状況はなくなっていた。

日・独・伊の諸国は戦後賠償も果たし、経済力もあり、一部の安保理常任理事国よりも国連の財政にも寄与し、途上国支援にも多大な貢献をしつつあったので、世界の現状を反映すべく、国連憲章を改正し、安全保障理事会に拒否権のない、準常任理事国を設けるべきだとして改革を主張した。その中心メンバーである日・独・伊の諸国に、政治的にも、経済的にも力を蓄えてきているインドとブラジルを加えた五ヵ国の計一〇ヵ国について、二〇二三年二月現在で国際司法裁判所によって英語訳で公表されている選択条項受諾宣言に付されている期間と留保の状況を以下に示しておこう。

もっとも、常任理事国の米・露・中・仏は、現段階では、選択条項受諾宣言を行っていない。英国は、常任理事国のうち唯一選択条項を受諾宣言を行っているが、英国を訴えて国際司法裁判所で訴訟を係属させるのは至難の業であると思えるほどの留保を付していた。

いずれにしろ、まず、多くの国の中で、典型例ともいえる日本の例を示し、続いて常任理事国の英国の例、それに続き、選択条項受諾宣言をしていない伯（ブラジル）を除く、独・伊・印・埃（エジプト）のものを取り上げよう。

また、日本の近隣の韓国、北朝鮮と、ＡＳＥＡＮ東南アジア連合一〇ヵ国、すなわちインドネシア、マレーシア、フィリピン、シンガポール、タイ、ブルネイ、ベトナム、ラオス、ミャンマー、カンボジアについて状況を示しておきたい。

近隣の韓国、北朝鮮は選択条項受諾宣言をしておらず、ＡＳＥＡＮ東南アジア諸国連合加盟国では、選択条項受諾宣言をしているのは、フィリピンとカンボジアのみである。

日本

強制管轄受諾に関する日本国の宣言

国際司法裁判所規程第三六条二の規定に基づく国際司法裁判所の強制管轄を承認する日本国の宣言〔効力発生〕二〇〇七年七月九日

書簡をもって啓上いたします。

本使は、外務大臣の命により、日本国が、国際司法裁判所規程第三六条二の規定に従い、一九五八年九月一五日以後の事態又は事実に関して同日以後に発生するすべての紛争であって他の平和的解決方法によって解決されないものについて、国際司法裁判所の管轄を、同一の義務を受諾する他の国に対する関係において、かつ、相互条件で、当然にかつ特別の合意なしに義務的であると認めることを日本国政府のために宣言する光栄を有します。

この宣言は、紛争の当事国が、最終的かつ拘束力のある決定のために、仲裁裁判又は司法的解決に付託することに合意したか又は合意する紛争には適用がないものとします。

この宣言は、紛争の他のいずれかの当事国が当該紛争との関係においてのみ若しくは当該紛争を目的としてのみ国際司法裁判所の義務的管轄を受諾した紛争、又は紛争の他のいずれかの当事国による国際司法裁判所の義務的管轄の受諾についての寄託若しくは批准が当該紛争を国際司法裁判所に付託する請求の提出に先立つ一二箇月未満の期間内に行われる場合の紛争には、適用がないものとします。

この宣言は、五年の期間効力を有し、その後は、この宣言が書面による通告によって廃棄される時まで効力を有するものとします。

以上を申し進めるに際し、本使は、貴事務総長に向かって敬意を表します。

二〇〇七年七月九日

日本の期限と留保について要約すると次のようになる。

〈期限〉 A：五年　B：その後は廃棄通告まで（日本の現状は、いつでも廃棄できるようになっている）

〈留保〉Ａ：宣言後のすべての紛争に適用する。ただし、次の場合を除く。

Ｂ１：他の「最終的かつ拘束力ある決定のために仲裁裁判又は司法的解決に付託することに合意したか合意する紛争には適用がないものとする」（以下では他の平和的解決手段によって最終的に解決する紛争に言及するものを含むものとする）因みに、日韓間では、一九六五年六月の日刊紛争解決公文があり、外交交渉で解決できない場合には、調停によることとしている。この種の留保は、いずれかの紛争の平和的処理手続に付されるので、全体からみれば、必ずしも非難されるものではない。

Ｂ２　相手国が当該紛争に関してのみ受諾宣言をしたか、提訴前一二ヵ月未満の期間内に提訴が行われる場合の紛争

英国（二〇一七年二月二二日）

〈期限〉一九八七年以降「終了通告まで」

〈留保〉一九八七年一月一日以降のすべての紛争、ただし、以下の紛争を除く

1　Ｂ１　日本のＢ１類似
　Ｂ２　コモンウェルス諸国との紛争
　Ｂ３　相手国の受諾宣言が提訴前一二ヵ月以下の紛争
　Ｂ４　請求または紛争で、以前にＩＣＪに付託されたものと実質的に同一のもの
　Ｂ５　いずれかの請求や紛争で、問題の請求や紛争が付託の少なくとも六ヵ月前に、友誼的解決に失敗し、ＩＣＪに付託する意図を含む書面で関係国から英国に通告されていなかった問題の請求や紛争に関する請求や紛争
　Ｂ６　すべての核拡散防止条約の他の核兵器当事国がＩＣＪの管轄権にも同意しており、かつ、問題の手続の当事国であるのでないかぎり、核軍縮や核兵器から生じるか、またはこれに結合するか関連した請求または紛争
2　いつでも通告によって、前述の留保またはその後に追加されることのある留保に対し追加し、修正し、撤回する権利を留保する。

ドイツ（二〇〇八年四月三〇日）

（期限）宣言を撤回するまで
（留保）本宣言後に生じるすべての紛争であって、本宣言後の事実の事態に関する紛争、ただし次の紛争を除く
(i) 日本のB1に類似
(ii) (a) 在外の軍隊の展開に係るもの
(b) 陸・海・空の領域の軍事利用
(iii) 日本のB2類似
2 通告によっていつでも留保を追加し、修正し、撤回する権利を留保する（英国の2に類似）

イタリア（二〇一四年一一月二五日）
（期限）終了通告まで
（留保）本宣言後に生じるすべての紛争、ただし次の紛争を除く
(i) 他の解決方法のみに限っている紛争（日本のB1類似）

（ii） 英国のＢ３類似

2　英国、ドイツの２に類似。通告によっていつでも留保を追加、修正する権利を留保する

エジプト（一九五七年七月一二日）

国際司法裁判所規程三六条二項に従い、かつ、一九五七年四月二四日付けの「スエズ運河およびその運行調整に関する宣言」九項ｂに従い、かつ、その目的のために、一九五七年四月二四日付の宣言九項ｂの下で生じる同日以降のすべての法律紛争について、エジプトは、相互主義を条件に、特別の合意なく、前述一九五七年四月二四日宣言九項ｂの下で同日以降有効に生じることのあるすべての法律紛争について、国際司法裁判所の管轄権を当然に（ipso facto）義務的であるとして受諾することを宣言する。

パキスタン（二〇一七年三月二九日）

〈期限〉

〈留保〉Aならびに B1、B2本質上 essentially 国内事項（国連憲章二条七項参照）にかかる紛争、

B3敵対行為、武力衝突、個別的・集団的自衛権のいずれかの側面に関連するか結合した紛争または国際団体の決定・勧告に従った任務遂行または在外軍隊の展開にかかわる紛争、

B4　英国のB3

B5　国家の安全保障に関するすべての事項、

B6　多辺条約またはパキスタンが特別に約束した國際義務から生じる紛争、ただし次のものを除く

(i)　決定によって影響を受けるすべての条約当事国が同じくＩＣＪの前の事件の当事国である場合、

(ii)　パキスタン政府が特別に管轄権に同意する場合、

(iii)　パキスタンが同様に当該条約の当事国である場合

B7　海域（領海、ＥＥＺ、大陸棚、排他的漁業水域、排他的経済水域およびその他の国

家海洋区域を含む）の境界画定または開発に関する紛争、

B8 選択条項受諾宣言以前のすべての紛争でその後に裁判所に付託されたすべての紛争

インド（二〇一九年九月二七日）

〈期限〉終了通告まで

〈留保〉A 他の紛争処理によるもの

B1 イギリスのB2と同じ

B2 パキスタンのB2と同じ

B3 パキスタンのB3と類似

B4 日本のB3と同じ

B5 敵対行為、武力衝突、自衛のためにとられる個別的・集団的行動の事実または事態に関係するか関連している紛争、日本のB3と同じ

B6 インドがとくに合意していない限り、国際連盟下に締結された条約に基礎を置

く紛争

B7 インドが当事国でない多数国間条約の解釈・適用に関する紛争

B8 外交関係のない国またはインドの承認していない国との紛争

B9 非主権国家・地域との紛争

B10 領域に関する紛争

B12 今回の宣言で一九七四年九月一四日の宣言を変更し、または入れ替える

B13 いつでも通告によって今回の宣言を変更しまたは廃棄する権利を留保する。

フィリピン（一九七二年一月一八日）

〈期限〉終了通告まで

〈留保〉A 日本のB1類似

B1 本質上（essentially）国内管轄内のものと見なすもの

B2 日本のB2類似

B3 多辺条約の下で生じた紛争で、

(1)すべての条約当事国が同様にＩＣＪの前の事件の当事国でない場合、
(2)フィリピンが特別に管轄権に同意するのでない場合、

Ｂ４　フィリピンが請求を行使する管轄権または権利から生じ、またはこれらに関する紛争

(i) フィリピンの大陸棚の海底およびその下の天然資源（そこの定着種類の生物（organism）を含む）

(ii) 一九六八年三月二〇日付の大統領布告第三七〇号に記述する通りの領海および内海（inland water）を含むフィリピンの領域に関するもの

カンボジア（一九五七年九月一九日）

〈期限〉本宣言寄託の日から一〇年間効力を有し、その後は、反対の通告（notice to the contrary）をするまで

〈留保〉

１　他の平和的方法による解決によるもの。日本のＢ１類似。

2 国際法上排他的に国内管轄に入る紛争

3 カンボジアが当事国である条約、協約およびその他の国際合意や文書によって司法的解決や義務的仲裁裁判から排除されている事項に関する紛争

(4) 裁判の手続と基準

国際司法裁判所における裁判手続は、規程第三章および裁判所規則に定められており、事件を付託する国が当事者間のコンプロミーによって任意にこれを変更することはできない。

国際司法裁判所の公用語は、フランス語と英語である(国際司法裁判所規程三九条)。手続は、書面手続と口頭手続の二段階からなり、書面手続は申述書(Memorial)、答弁書(Counter-Memorial)および必要によっては抗弁書(Reply)、ならびに、その他すべての援用の文書・書類を裁判所と当事者に送付することであり、口頭手続は、裁判所が証人(witnesses)、鑑定人(experts)、代理人(agents)、および弁護人(advocates)から行う聴取(hearing)のことである(四三条)。裁判所における弁論(hearing)は、原則

として公開である（四六条）。しかし、裁判所の評議は常に非公開である（五四条三項）。判決その他一切の問題の決定は、出席した裁判官の過半数によって行い、可否同数のときは、裁判所長またはこれに代わる裁判官が決定投票権をもつ（五五条）。判決には理由を付す（五六条）。判決の結論に賛成しなかった裁判官、および結論に同意してもその理由に賛成しなかった裁判官は、その個別の意見（separate opinion）を表明する権利をもっている（五七条）。とくに、判決の結論に反対の意見をdissenting opinion（反対意見）、結論に賛成で理由に不賛成の意見をseparate opinion（個別意見）と呼ぶ。判決は、公開の法廷で朗読される（五八条）。なお、チュニジア＝リビア大陸棚事件における マルタの訴訟参加申請（一九八一年四月一四日決定により却下）にみられるように、他国間の訴訟事件によって影響される法律的性質の利害関係をもつと考える国は、第三当事者として訴訟に参加することを裁判所に要請することができ、この要請について裁判所が決定する（六二条）。第三国も加入している条約の解釈が問題となる場合には、第三国は訴訟参加する権利を有し、裁判所は参加を認める義務がある（六三条）。

国際司法裁判所における裁判基準は、国際司法裁判所規程第三八条一項に示されている。国際司法裁判所は、国際法に従って裁判することを任務とし、左の四つを順次に適用して裁判を行う。

a　一般又は特別の国際条約で係争国が明らかに認めた規則を確立しているもの
b　法として認められた一般慣行の証拠としての国際慣習
c　文明国が認めた法の一般原則
d　法則決定の補助手段としての裁判上の判決及び諸国の最も優秀な国際法学者の学説

もっとも、右のdは「法則決定の補助手段として」という文言が示すように、aからcまでの三つの基準の具体的内容、つまり、その意義と効力範囲を明らかにする手がかりの参考資料として掲げられたものである。

なお、当事国がとくに合意すれば、裁判所は、「衡平及び善に基づいて」(*ex aequo et bono*) 裁判をすることができる (三八条二項)。これは、当事国の合意があれば、実定法の適用を排して、衡平と善による裁判を行うことを意味している。

(5) 判決の効力と執行

裁判の判決は、国際司法裁判所のものも、他の仲裁裁判所のものも、その事件において当事者となった国に対してのみ、また、その裁判所の対象となった問題についてのみ効力をもっている（国際司法裁判所規程五九条、国際紛争処理条約八四条一項）。したがって、国際裁判には、英米法にみられるような先例拘束主義は見られず、裁判所は、かつて解決した問題と類似の事件が提起された場合、先例に準じて解決する義務はない。しかし、実際には、裁判所が先例を重んじてこれに従うのは自然であるから、前述のように、第三国が加入している条約の解釈が問題となる場合には第三国に訴訟参加の道を与え、この権利を行使した国は、判決の中に含まれる条約解釈に拘束されることとした（国際司法裁判所規程六三条、国際紛争平和的処理条約八四条二項）。

国際裁判の判決は、一審をもって終結するのが原則である。しかし、判決の意義または範囲について当事者間に紛争が生じた場合には、その判決を下した裁判所の裁判によってこれを決定する（国際司法裁判所規程六〇条、国際紛争平和的処理条約八一条・八二条）。また、重要な新事実の発見を理由として裁判のやり直しを行う再審（revision）については、国際司法裁判所規程第六一条はこれを認めているが、国際紛争平和的処理条約第八三条では、コンプロミーにおいて再審の取り決めのある場合に限って、これを認めている。なお、判決の実質的・形式的瑕疵を理由に判決の効力を争う上訴（appeal）は、これを認める条約が若干存在するが、国際裁判では一般にこの手続を認めていない（田岡良一）。

国際裁判の判決は、裁判付託が当事者の同意を条件としていることから、従来からよく履行されてきている。しかし、履行が常に保障されているというわけではない。コルフ海峡事件判決の履行、賠償支払いをアルバニアが拒否した例がある（ドイツで見出されたアルバニアの通貨用金塊に対してイギリスに認めた英・米・仏の一九五一年条約（91 U.N.T.S. 21）および一九四三年ローマから移送された通貨用金塊事件（一九五四年六月一五日国際司法裁判所判決）参照）。そこで、判決の履行を確保する手段としては、第一に自助、第二に第三国の協力や第三国法廷への提訴、第三に国際機構の行動、があげられる。

自助は、国連憲章第二条第三項・四項の限界内でしか今日では許されないが、判決不履行国の財産が自国にある場合には、イギリスがコルフ海峡事件に関連して差し押さえを試みたように（ただし、イギリス内に差し押さえのために利用できるアルバニア財産はなかった）、その財産の差し押さえをすることはできるであろう。

第二の第三国の協力の例に、前述のアルバニアの通貨用金塊に関する英・米・仏の条約があげられる。第三国法廷への提訴は、いずれの国家も、国際法上、主権免除をもっているので国家を訴えるには、その主権免除との絡みがある。

第三の国際機構の行動としては、国連憲章第九四条二項に連盟規約第一三条四項に類する規定を置き、安全保障理事会が、必要と認めるときは、国際司法裁判所の判決を履行するために勧告をし、または執るべき措置を決定できることとした。しかし、この勧告や措置は、平和維持という観点から安全保障理事会によって判断されて行われるので、判決の執行という立場からは必ずしも完全であるとは思われず、問題が残る。なお、判決ではなく、仮保全措置に関してではあるが、アングロ・イラニアン石油会社事件で一九五一年七月五日の裁判所の仮保全措置命令をイランが遵守する措置をとるようにイギリスが安全保障理事会に求めたが（S/2358, 29 September 1951）安全保障理事会は裁判所の管轄権に関する判断が出されるまで審議の延長を決定したことがある(SCOR, 6th yr, 565th Mtg)。結局、裁判所は翌五二年七月二二日管轄権なしと判断した。

(6) 勧告的意見

国際司法裁判所は、裁判機能のほかに、国際機構の要請にもとづき、法律問題について勧告的意見を与える機能をもっている。(国連憲章九六条、国際司法裁判所規程六五条〜六八条)、勧告的意見は判決と異なり、一般に法的拘束力をもたないが、権威ある法的見解であり、国連の活動やそれに伴う具体的措置に関する法的指針として、一般に諮問機関によって尊重されてきた。「集団殺害罪の防止及び処罰に関する条約」(ジェノサイド条約)に対する留保に関する一九五一年の勧告的意見のように、国際法にきわめて大きな影響を与えたものもある。

勧告的意見の効力に関して、特に注目すべき点は、すでに見たように、国連の特権・免除条約では、国連または専門機関とその加盟国間の紛争についてはこれを拘束的なものとして受諾しており、勧告的意見を紛争の司法的解決に活用している。いわゆる強制的勧告的意見（compulsive advisory opinion）である。

これらの例には、国際労働機関行政裁判所規程が勧告的意見の拘束力を認めているほか、国連行政裁判所規程も勧告的意見の実施措置を規定し実質的に拘束力を認めている（一九五五年一一月八日の総会決議九五七（X）によって改正された裁判所規程一一条参照）。

(7) 裁判所の実績

(a) 常設国際司法裁判所

常設国際司法裁判所に付託された事件は、第一次世界大戦のベルサイユ平和条約によって国際連盟が創設され、裁判所規程は一九二一年に発効して裁判所が設立され、一九二三年から第二次世界大戦が勃発する一九三九年までの間に二九件あり、実際に下された判決の数は三一である（一九二二～三〇年の判決は判決集 P.C.I.J.Series A に、一九三一年以降の判決は Series A/B に収められている）。裁判所の重要な部分は、ドイツ、ポーランド、リトアニア間の緊張につながる紛争にあてられた。

ウィンブルドン号事件（キール運河の通航に関し、英・仏・伊・日対ドイツ、訴訟参加ポーランド（一九二三年））、ポーランド領上部シレジアのドイツ人の利益事件（一九二五～二六年）、ホルジョウ工場事件（ドイツ対ポーランド（一九二七～二八年））、上部シレジアのドイツ人少数者学校事件（一九二八年、別に一九三一年に勧告的意見あり）、オーデル川国際委員会（ポーランド＝独、デンマーク、仏、英、スウェーデン、チェコスロヴァキア（一九二九年））、メーメル地域規程事件（英・仏・伊・日 対 リトアニア（一九二九年））。なお、ドイツがポーランドを訴えたプレス公の財産管理事件およびポーランド農業改革事件は、いずれも一九三三年に取り下げられた。

勧告的意見は実質二六件出されているが、その中では、次の事件がこの緊張につながっている。

ポーランドにおけるドイツ系農民事件（一九二三年）、ポーランド国籍の取得（一九二三年）、ダンチッヒにおけるポーランドの郵便事務（一九二五年）、ダンチッヒのＩＬＯ加入（一九三〇年）、リトアニアとポーランド間の鉄道運輸（一九三一年）、ポーランド軍艦のダンチッヒ港への入港・碇泊（一九三一年）、ダンチッヒのポーランド人の取り扱い

（一九三二年）、ダンチッヒ法令（一九三五年）。

第一次世界大戦後のトルコとの平和条約であるローザンヌ条約と絡む事件にマヴロマチス事件（一九二五年本案）があり、勧告的意見が求められたものに、ギリシアとトルコの住民交換事件（一九三五年）、トルコとイラクの国境事件（一九二五年）がある。

こうして見ると、常設国際司法裁判所は、ローチュス号事件（一九二七年）、上部サヴォアとジェクスの自由地帯事件（一九三二年）、東部グリーンランドの法的地位事件（一九三三年）、オスカーチン事件（一九三四年）等、わずかな例を除けば、ヴェルサイユ体制に係る紛争を扱ったと言えよう。地理的にも、第一次世界大戦の戦勝国として連盟理事国でもあり、裁判所に日本人裁判官を有していた日本のほかは、ヨーロッパ以外の国はブラジルが利用したのみであった（ブラジル国債事件、一九二九年）。

(b) 国際司法裁判所

国際司法裁判所は、第二次世界大戦が終結する前の一九四四年夏、ダンバートン・オークス会議において、国連の一部としての創設が決まった。両大戦間の二〇年間しか活動することのできなかった常設国際司法裁判所に比し、現在まで国際司法裁判所は機能してきている。

この間、国際社会は大変革を経験してきた。非植民地化の大波が来ていたのである。第二次世界大戦後五〇年の間に、一九四〇年代に一五ヵ国、五〇年代に七ヵ国、六〇年代に四四ヵ国、そして八〇年代に八ヵ国が独立した（八〇年代最後の独立は、ブルネイの一九八四年一月一日である）（詳しくは、芹田著作集第11巻『新国家と国際社会』第一編「第二次大戦後五〇年の国家独立」参照。）。

国際司法裁判所はこの間、一九八五年五月現在までの約四〇年間に、五〇の争訟事件の提訴を受け、一七の勧告的意見の要請を受けた。これらを完全に分類してしまうのは困難であるが、国際社会の大変容と当時の東西冷戦とを考慮し、また、先行研究としてのパリで発刊されたテキスト、チエリー（Thierry）ほか著『国際法』の分類にも倣い、たとえば、東西関係、非植民地化、領域紛争、海域の境界、外交的保護などに分類してみるのも、裁判所の活動を生きた姿で捉えるのに役立つであろう。

(i) 東西関係

旧ソ連（その継承国ロシア）および社会主義国（旧ソ連から独立した国等）（これらの国の詳細は、芹田著作集第11巻『新国家と国際社会』第一編第三章「社会主義諸国の解体と新国家」参照）は、選択条項受諾宣言を全く行っていないことにみられるように、司法的解決に対しては原則的に否定的立場をとっており（二〇世紀の国際法が資本主義諸国の主導したものであることが否定的な理由と思われる）、その結果、東西関係または冷戦に絡む主要な紛争は裁判所で扱われてこなかった。例外は、イギリスがアルバニアを訴えたコルフ海峡事件（一九四八年三月二五日管轄権判決、一九四九年四月九日本案判決）である。

特に米国は、多くの航空機事件を裁判所に提訴し、東側諸国の応訴を求めたが、いずれも応訴なく、裁判所の命令によって裁判所の総件名簿から削除された（ハンガリーにおける米国の航空機と乗組員の待遇（米対ハンガリー、米対ソ連）、一九五二年一〇月七日の航空機撃墜（米対ソ連）、一九五四年九月四日の航空機撃墜（米対ソ連）、一九五四年一一月七日の航空機撃墜（米対ソ連）。これらの事件の扱いにみられる米国の態度は、コルフ海峡事件での forum prorogatum（応訴管轄）を形式としては追及するものではあるが、他方で、政治目的による裁判所の利用と非難されるものでもある。なお、一九五五年七月二七日の航空機撃墜のイスラエル対ブルガリア事件では、裁判所はブルガリアの先決的抗弁を認めて管轄権を否定し、米英の各提訴にはブルガリアが応訴せず総件名簿から削除された。

勧告的意見の中でも、ブルガリア、ハンガリー、ルーマニアとの平和条約の解釈に関する一九五〇年三月三〇日と七月一八日の意見は冷戦に係るものであろう。なお、国際連合の機能に関して主として東西対立があったものとしては、国家の国連加入の条件、国家の国連加入に対する総会の権限に関する各意見（一九四八年五月二八日、一九五〇年三月四日）や、スエズ国連緊急軍（UNEF）とコンゴ国連軍（ONUC）関係経費に絡む「ある種の国連経費」（国連憲章一七条二項）に関する意見（一九六二年七月一〇日）がある。

東西関係にかかわる紛争は、旧ソ連および東欧諸国が司法的解決に冷淡であるかぎり、裁判所では解決できないと言えた。

中米のニカラグアは一九世紀初めに独立したが、長らくアメリカの干渉を受け、独裁政権が続いていたところ、一九八一年に左派による革命政権が誕生し、アメリカが干渉し、ニカラグア領内で軍事活動等を行った。これに対しニカラグアが提訴した「ニカラグアにおける軍事的および準軍事的活動に関する事件」（一九八四年五月一〇日仮保全措置命令、同年一一月二六日管轄権確認、一九八六年六月二七日本案判決）をここに分類することができるとすれば新しい展開である。なお、アメリカ合衆国は、一九八五年一月八日ニカラグア提訴の事件審理に欠席することを正式に表明していたが、本案判決で、アメリカのニカラグアに対する軍事活動、ニカラグア領内における地雷敷設等は自衛権で正当化できない、とされ、敗訴した。

東西冷戦は、周知の通り、一九八九年一二月二日～三日の当時のゴルバチョフソ連書記長とブッシュ米国大統領との首脳会談によって冷戦の終結が宣言された。

(ii) 非植民地化

非植民地化の歴史はヨーロッパの植民地から脱却する歴史であり、第一次の非植民地化はアメリカ合衆国の英国からの独立に始まる、ラテンアメリカ諸国のスペイン・ポルトガルからの独立であった。しかし、非植民地化という言葉で語られるのは、主として第二次世界大戦後の植民地の独立である（芹田著作集第1巻『人類史と国際社会』および第11巻『新国家と国際社会』参照)。

　多くの植民地の独立は平和的になされたが、インドネシアやベトナムやアルジェリアのように独立戦争を経た国もあった。


　ところで、非植民地化に絡む法的にも政治的にも複雑な問題を提起したのは、南西アフリカ(現ナミビア)問題であった。国際司法裁判所は、これに関して四つの勧告的意見と二つの判決を書いた。

　南西アフリカは、第一次世界大戦の敗戦国ドイツの植民地(一部に英国)であったが、大戦後国際連盟が設けた委任統治(田岡良一『委任統治の本質』(有斐閣、一九四一)参照)の下に置かれ、南アフリカ連邦(現南アフリカ共和国)を受任国とする委任統治地域となった。

　第二次世界大戦後、国際連合によって信託統治制度が設けられ(国連憲章第一二章国際信託統治制度)、「現に委任統治のもとにある地域」は信託統治制度の下に置かれることとなった(国連憲章七七条一項a)。しかし、南アは南西アフリカを信託統治に切り替えなかった。

この南西アフリカの地位に関して国連総会が一九四八年一二月に勧告的意見を要請した。裁判所は、一九五〇年七月一一日に意見を与えた。第二の意見は、南西アフリカにかかわる報告と請願についての問題の表決手続の件につき、一九五五年六月七日、第三の意見は、南西アフリカ委員会による請願人聴聞の許容性の件につき、一九五六年六月一日にそれぞれ出されたが、いずれも五〇年（第一の）意見の解釈に関するものであった。

その後、委任統治制度が国際連盟によって設けられたものであるので、国際連盟加盟国であったエチオピアとリベリアが、一九六〇年一一月四日に南アを裁判所に訴え、裁判所は一九六二年一二月二一日に南アの先決的抗弁を斥け管轄権を確認した。しかし、一九六六年七月一八日、第二段階で原告が法的利益を立証しえず、原告に訴訟資格なしとする判決を下した。この判決は、裁判官一四名が七対七に分かれ、裁判所長スペンダー（豪）が決定投票権（国際司法裁判所規程五五条二項）を行使することによって決した。

この判決は第三世界の憤激を買い、裁判所の構成の変更を求める圧力となり、結局、一九六九年秋の裁判官選挙の後七〇年には、六六年判決に参加しなかったザッルラ・カーン（パキスタン）がアジアまたはアフリカ人出身としては最初の所長に、またアムーン（レバノン）が次長に就任し、裁判所構成の変更が実質的に実現した。国連総会は、一九六六年一〇月二七日、決議二一四五によって同地域の委任を終了させ、これを直接管理下に置くこととし、一九六八年には同地をナミビアと改称した。

他方、安全保障理事会も一九六九年三月二〇日の決議二六四において委任の終了を承認し、さらに、一九七〇年一月三〇日の決議二七六によって南アがナミビアに居座っていることを違法とした。こうして、安全保障理事会は、同年七月二九日に裁判所に対し南アの居座りの法的効果につき勧告的意見を要請した。裁判所は、翌七一年六月二一日の勧告的意見において南アのナミビア居座りを違法とし、六六年意見とは明白に異なる立場をとったのである（第四の意見）。

非植民地化にかかわる事件としては、さらに次の二つが考えられる。

ポルトガルがインドを訴えたインド領通行事件（一九五七年一一月二六日管轄権判決、一九六〇年四月一二日本案判決）カメルーン共和国がイギリスを訴えた北部カメルーン事件がある。第一次大戦後、ドイツ領カメルーンは二分され、英・仏の委任統治下に置かれ、第二次大戦後それぞれ信託統治地域となった。フランス信託統治地域カメルーンは一九六〇年一月一日に独立し、カメルーン共和国となり、イギリス施政下のカメルーンでは、住民投票の結果、北部ナイジェリアと一体として統治されてきた北部はナイジェリアとの合体、南部はカメルーン共和国との合体の意向を表明し、北部は一九六一年六月一日にナイジェリアと合体した。カメルーン共和国はこれを不満とし、イギリスの施政が信託統治協定違反として提訴した。裁判所は、原告が違法行為の救済や賠償等を求めてはおらず、違法であることの宣言を求めており、本件ではすでに失効した協定の解釈が求められているので裁判所の目的に副わないとした（一九六三年一二月二日判決）。

なお、西サハラに関する一九七五年一〇月一六日の勧告的意見もここに分類されよう。

非植民地化は、一九六〇年の独立国が一八ヵ国を数え、ピークに達した。その後も、七〇年代に二〇数ヵ国、八〇年代に太平洋・カリブ海の島嶼国が八ヵ国であった。しかし、その後、九〇年代には社会主義連邦諸国の解体が進んだのであって、非植民地化の波は終わった、と言えよう（芹田著作集第11巻『新国家と国際社会』参照）。

(iii) 領域紛争

イギリス＝フランスのマンキエ・エクレオ事件（一九五三年一一月一七日判決、ベルギー＝オランダの若干の国境地方の主権事件（一九五九年六月二〇日判決）、ホンジュラス対ニカラグアの「一九〇六年一二月二三日のスペイン国王の仲裁判決（の効力）」事件（一九六〇年一一月一八日判決）、カンボジア対タイのプレアビヘア寺院事件（一九六一年五月二六日管轄権判決、一九六二年六月一五日本案判決）の各判決が見られるが、領土紛争としてはさほど重いものではなく、インド・パキスタン間のカシミールや中・ソ国境はおろか、日本のかかえる領土紛争も裁判所にはかかっていない。

なお、一九八四年にはブルキナファソとマリの国境紛争事件が裁判所にかかっていた。裁判所は、両国の武力衝突を避けるため、一九八六年一月一〇日仮保全命令を出し、一九八六年一二月二二日の判決で、南米諸国が独立の際に植民地時代の行政区画の線を互いの国境線の線引きのために用いた「ウティ・ポシデーティス」（uti possidetis、現状維持）の原則等を用い、自ら国境線を引いた。

(iv)　海域の境界

一九八六年までに海域の境界が問題となったものとしては、まず、ノルウェーの直線基線を争ったイギリス対ノルウェーの漁業事件（一九五一年一二月一九日判決）が挙げられる。この判決は、一九五八年の領海及び接続水域の関する条約（領海条約）に大きな影響を与えた。

次に、西ドイツ＝オランダの北海大陸棚事件（一九六九年二月二〇日判決）がある。この判決は、それまでの学説や国家慣行に多く見られた等距離・中間線による境界確定の流れを変え、自然延長・衡平な原則による境界画定を打ち出し、今日まで大きな影響を与え、一九七七年六月三〇日英仏間大陸棚事件仲裁判決とともに、チュニジア＝リビアの大陸棚事件（一九八一年四月一四日マルタの訴訟参加申請却下、一九八二年二月二四日本案判決）に多大の影響を与えた（芹田著作集第8巻『島の領有と大陸棚・排他的経済水域』

第一章および第二章参照)。

一九八二年四月三〇日国連海洋法条約採択。マルタ＝リビア大陸棚事件に対して裁判所は一九八五年六月三日判決。さらに一九八四年一〇月一二日カナダ＝アメリカのメイン湾事件に対して、国際司法裁判所特別裁判部が判決を下した。

なお、一九七二年にイギリスと西ドイツがそれぞれアイスランドの五〇カイリ排他的漁業水域を国際法違反として訴えた漁業管轄権事件(一九七二年八月一七日仮保全措置命令、一九七三年二月二日管轄権判決、一九七四年七月二五日本案判決)がある。西ドイツも訴えており、西ドイツの訴えの判決はイギリス提訴の事件の判決を、必要に応じて読み替える(mutatis mutandis ムターティス・ムタンディス)ことによってドイツ判決になるので、イギリス判決を以下にかかげる。

裁判所は、仮保措置全命令で、判決までの間、次の措置を命じた。アイスランドは一方的に自国の排他的漁業水域を五〇カイリへと拡大することを定めた「規則」の施行を一時停止し、イギリスは定められた漁獲量以下に漁獲量を抑えることを命じ、判決で、まず、沿岸漁業に依存する国の隣接海域での優先的漁業権を認める一方、イギリス漁民の生活も考え、アイスランドには一方的に漁獲を制限する権利はなく、五〇カイリへの漁業水域の一方的拡大がイギリスに対抗しえない（not opposable）、と判断した。そして、裁判所は、両国が誠実に交渉をする義務があると判示し、また、交渉の際に考慮すべきこととして、①資源配分、②漁民の生活と福祉、③他国への due regard,（相当の考慮）④資源の保全と衡平な利用、をあげた。

この判決は、イギリスがアイスランドの一方的排他的漁業水域の拡大は国際法上何らの根拠もなく違法、と訴えたのに対し、一方的拡大はイギリスに対し対抗できない、と判断したもので。一般的な合法性問題を扱わず、関係者のみを救済する対抗力の問題として処理したと言える（一方的行為の合法性と対効力について、芹田著作集第8巻序章参照）。

(v) 外交的保護

一九八六年までにも比較的多くの事件が取り扱われている。ギリシア対イギリスのアンバティエロス事件（一九五三年七月一日先決的抗弁、一九五三年五月一九日本案判決）、リヒテンシュタイン対グアテマラのノッテボーム事件（一九五三年一一月一八日先決的抗弁、一九五五年四月六日第二段階判決)、フランス対ノルウェーのノルウェー公債事件(一九五七年七月六日管轄権否認)、スイス対アメリカ合衆国のインターハンデル事件(一九五九年三月二一日先決的抗弁非認容)、ベルギー対スペインのバルセロナ・トラクション事件(一九六一年四月一〇日訴訟取り下げ、一九六二年六月一九日新提訴、一九六四年七月二四日先決的抗弁、一九七〇年二月五日第二段階判決、ベルギーに当事者能力なし)の各判決がある。

これらの事件は、いずれも政治的な絡みをもったものではなかった。しかし、一九五一年にイギリスがイランを訴えたアングロ・イラニアン石油会社事件は、同会社の国有化に伴うものであっただけに大きな反響が予想されたが、裁判所は管轄権を認めなかった(一九五一年七月五日仮保全措置、一九五二年七月二二日先決的抗弁認容)。

(vi) その他

その他は多岐にわたり、コロンビアとペルーの間の庇護にかかわる事件では三つの判決(一九五〇年一一月二〇日の庇護事件、同年一一月二七日の解釈事件、一九五一年六月一三日のアヤ・デ・ラ・トーレ事件)があり、イタリア対仏・英・米の一九四三年ローマから移送された通貨用金塊事件（一九五四年六月一五日先決的抗弁判決）がある。また、インドとパキスタン間に国際民間航空機関理事会の管轄権に関する事件（一九七二年八月一八日判決）、パキスタン人捕虜の裁判（一九七三年一二月五日パキスタンの訴訟取り下げ）があり、在テヘラン米国大使館員等人質事件（米対イラン、一九七九年一二月一五日仮保全措置、一九八〇年五月二四日本案判決、米勝訴）がある。注目される判決に、オーストラリア、ニュージーランドがそれぞれフランスを訴えた核実験事件（一九七三年六月二二日仮保全措置、一九七四年一二月二〇日訴訟目的消滅）がある。

なお、国連その他の機関の内部運営に関する問題について、いくつかの勧告的意見が見られる。国連の職務中に被った損害に対する賠償（一九四九年四月一一日）、国連行政裁判所の下した補償裁定の効果（一九五九年七月一三日）、ユネスコに対する異議申立に関する国際労働機関行政裁判所判決（一九五六年一〇月二三日）、政府間海事協議機関海上安全委員会の構成（一九六〇年六月八日）、国連行政裁判所判決第一五八の再審請求（一九七三年七月一二日）、世界保健機関とエジプトとの一九五一年三月二五日の協定の解釈（一九八〇年一二月二〇日）、国連行政裁判所判決第二七三の再審請求（一九八二年七月二〇日）などである。

四　裁判所の評価

世界法廷の創設時、そして両大戦間にも、裁判所に対して素朴な期待があった。国際連盟の時代は、ソ連という社会主義国の登場は見られるものの、国際社会を構成する独立国も基本的には同質であり、同等者間の法としての国際法は揺るがず、法による解決という理念に信が置かれた。

しかし、第二次世界大戦後は、「選択条項の凋落」が語られ、国際裁判による紛争の解決はその威信に陰りが見える。国際連合の下では、紛争の法による解決より政治による解決が好まれ、そしてこれが強調されてきたのはこのことを如実に示している。

こうした裁判による解決の衰退は、一般的に二つの理由が挙げられた。いずれも国際社会の構造変化からくるもので、一つは、裁判基準となる伝統的国際法の内容に対する新興独立国の不信に主としてもとづく国際法の不透明さであり、他は、裁判所に対する不信、とくに裁判官に欧米出身者が多い裁判所構成に対する、これら諸国を中心とする不満である。

これらのことを端的に示すのは、国連海洋法条約である。

同条約は、紛争解決手段選択の自由を原則としているが、第一に紛争処理手段として掲げられているのは国際海洋法裁判所であり（二七八条一項）、しかも、裁判基準としては、第三世界諸国がみずから共に参画して創り上げた国連海洋法条約（およびこれに反しないかぎりでの他の国際法規則）のみを適用すべき法として規定している（二九三条一項）。なお、附属書Ⅶ（国際海洋法裁判所規程二三条および三八条参照）。これは、国際海洋法裁判所（International Tribunal for the Law of the Sea）の設立を新興諸国が強く主張し、先進諸国は概してこれに対し冷たかった（当初は海洋裁判所は、International Tribunal for the Law of the Sea L.O.S.T. と略称されていたので、先進国代表の中では、The L.O.S.T.shall be lost. というジョーさえ囁かれたという（L.O.S.T. はつなげて発音すると、ロストなので、発音が同じ lost（失う）に懸けた――筆者））。こうした経緯を反映し、国際司法裁判所と伝統的国際法への新興諸国の不信を示しているとみることができる。

こうした不信は、すでに見た一九六六年の南西アフリカ事件判決でピークに達した。しかし、国際司法裁判所に対しては、最近はむしろ一九七四年の核実験事件を機にフランスが選択条項受諾宣言を廃棄し、また、アメリカ合衆国とカナダがメイン湾事件で五名からなる裁判部の構成に非常に執着を見せ、アメリカ合衆国は、一九八五年一月一八日、ニカラグア提訴の事件審理に欠席を表明するに至るなど、西側諸国の信頼に動揺が見られるのに対し、第三世界諸国に裁判による解決に対する期待の回帰現象が見られる。

そもそも、裁判による紛争処理は、現代社会では、各国に共通にみられることであるが、紛争処理の実態の中では例外的とでもいうことができ、示談や和解等による解決が多い。国内社会においても、労使紛争や大きな政治的対立に絡む紛争や人種対立を背景とした紛争など裁判による解決が本来的に難しいものが存在する。

国際社会が分権的構造でもあり、こうしたことも考えれば、いかなる紛争も、最終的には必ず裁判によって解決されるという制度を国際社会に打ち建てることが理想であるとは必ずしも言い切ることはできず、義務的裁判制度の確立という観点からのみ国際司法裁判所を評価するのではなく、当事者の交渉の一過程に裁判を位置付けてみるという視点が重要である。

とくに裁判中の和解による訴訟取り下げのほか、最近の国際司法裁判所による交渉命令判決や調停的判決（チュニジア＝リビア大陸棚事件や米国＝カナダのメイン湾境界事件判決におけるフランスの学者グロ裁判官の反対意見参照）は、この視点の正当性を示しているように思われる。こうして考えれば、国際司法裁判所は、国際法の穏やかな展開を保障するものとして高く評価されることとなるであろう。

4 事件・事例のちょこっと解説

(1) アイスランド漁業管轄権事件

アイスランドは、一九五八年に漁業水域を一方的に一二カイリへと拡大し、同水域に出漁している英国漁船との間にトラブルが絶えなかった。周知のように、第二次世界大戦後の海洋主張の口火を切ったのは、大陸棚の海底資源を沿岸国の支配下に置くという、米国大統領のいわゆるトルーマン宣言であった。一九五八年に開催された第一回国連海洋法会議を準備した国連国際法委員会は大陸棚と公海漁業の問題を取り上げて審議したが、これらの問題が沿岸国の領海拡大の一側面に過ぎないという現実の前に、領海幅員の問題等を未解決のまま残した。一九六〇年の第二回国連海洋法会議では、一二カイリ以内で領海と漁業水域とを組み合わせる提案がいくつかなされたが、あと一歩で採択には至らなかった（二〇〇カイリ漁業水域登場に至る海洋法の動向について、芹田著作集第8巻参照）。

イギリスとアイスランドは、いったんは合意に達したが、アイスランドが一九七一年に漁業水域を五〇カイリに拡大することを決定するに及び、七二年規則を施行した。イギリスは、種々の経緯の後、アイスランドのこの措置が国際法上の根拠を欠き無効であるとして、国際司法裁判所に訴えた。

裁判所は、国際法違反だとする訴えに対して、一〇対四で、イギリスに対抗できない（not opposable）と決定し、また、両国政府は、同水域での漁業権をめぐる紛争を衡平に解決するために誠実に交渉する義務があり、その際考慮すべき点として、アイスランドの優先的配分権、同水域でのイギリスの確立した権利、これら資源の保存と衡平な解決に対する他国の利益への妥当な考慮、両国の権利が同水域における漁業資源の保存・開発および他国のこれらに対する権利と両立する限度で行使されるべきこと、等を考慮すべき、と決定した。

(2) 北海大陸棚事件

第二次世界大戦後の海洋資源開発の波は自国沿岸沖の大陸棚を自国の管理下に置くトルーマン米国大統領宣言から始まった。

北海を取り囲む国々、イギリス、ノルウェー、スウェーデン、オランダ、デンマーク、の間では、大陸棚条約が定めた海岸が向かい合っている関係にあるので、等距離中間線によって、それぞれ二国間条約によって境界線が定められた。

しかし、ドイツは、地理的に両隣のオランダ、デンマークとの間では、隣り合っている関係にあり、しかも、凹んでいるので等距離中間線では著しく不利となり、部分的に、陸地に近い海域では合意に達したが、北海中央部分に至る境界線の線引きについては合意に達することができず、一九六七年二月二〇日、事件は国際司法裁判所に付託された。本判決は、大陸棚に関する最初の国際判例であり、その後の境界画定事件に大きな影響を与えた（芹田著作集第8巻『島の領有と大陸棚・排他的経済水域』とくに第二章参照）。

裁判所は、大陸棚が海中へ向かっての領土の自然延長であって（自然延長原則）、領土主権にもとづいて、当然にかつ最初から（ipso facto and ab initio）存在するのであって、他国より近いところにある（近接性原則）というだけでその国に属するのではないことを明確にし、境界画定は正当かつ衡平な配分を行うものではないことを指摘した。また大陸棚条約にはドイツは加入しておらず、同条約の定める等距離方式は慣習法ではないことも指摘した。

裁判所に求められているのは、大陸棚の境界画定を行うことではなく、境界画定を行うにあたって依拠すべき原則を示すことである、とし、境界画定が当事者間の合意によってなされ、衡平の原則によってなされるべきことを指摘し、まず、誠実な交渉義務、次に、すべての関連事情を考慮し、衡平の原則を適用する義務、第三に、陸地の自然延長の原則に従い、各国陸地の自然延長を蚕食（enchroach）してはならないこと、をあげた。

(3) ラヌー湖事件

ラヌー湖は、スペイン・フランス国境のピレネー山脈のフランス側にあり、何本かのフランス領内に源流をもつ川がフランス領内を流れ、フランス側から流れ込んでいる。そして、一本の川のみから流れ出てカロル川に注ぎ、スペイン領内でセーグル川に合流し、エブロ川となる。両国間の国境は、一九世紀中葉から数次にわたるバイヨンヌ条約で取り決められ、最後の一八六六年条約追加議定書で両国間の水利用規則が取り決められた。

一九一七年、フランスがラヌー湖の水を自国領内を流れるアリエージュ川に転流し大西洋側に流す計画を立てたことから、同年来両国の議論の対象となった。しかし、この問題処理の交渉は、第二次世界大戦によって中断され、四九年に再開された後、両国間の混合技術委員会の開催と解決までの間の現状維持とが合意されたが、成果を得られなかった。一九五〇年には、フランス電力会社がラヌー湖の水をアリエージュ川に転流し、増大する落差を利用して発電を行う計画を立て、この計画によって転流される水は、アリエージュ川とカロル川を結ぶトンネルによって完全にカロル川に返還することとされていた。

スペインは、水が完全に還流されるとはいえ、自然を作り変えることになり、フランスに主導権を握られることになるので、反対し、一九二九年七月一〇日の仲裁裁判条約にもとづき仲裁裁判をフランスに要求し、一九五六年一一月一九日マドリードで付託合意が調印され、スウェーデンのペトレンを裁判長とする五名の裁判官から成る仲裁裁判所がジュネーヴに設立された。

(4) フォークランド紛争

イギリスとアルゼンチンの領有権争いから戦争にまでなったフォークランド（アルゼンチンでは、マルビナス）諸島は、アルゼンチン沖の大西洋から太平洋に入るマジェラン海峡の手前にあり、南大西洋のアルゼンチン沖に浮かんでいる。

一八三三年以来イギリスの支配下にあったが、イギリス、アルゼンチン双方の国内政治上の事情も絡み武力抗争に至った。両国ともいわば西側の国であり、国連安保理事会はアルゼンチン軍による侵攻の報に接し深く傷つき、平和の侵害があることを認定し、即時の敵対行為の停止とアルゼンチン軍の即時の撤退を要請した（S/RES/502(1982)）。また、国連総会は、植民地独立付与宣言とフォークランド人民の利益を考慮し両国が平和的解決のために交渉することを勧告し、結果の報告を要請した（A/RES/2065（XX））。両国に影響力をもつアメリカ合衆国が仲介に立ち、国務長官ベーカーがロンドンとブエノスアイレスを行き来し、いわゆるシャトル外交（シャトルとは、機織り作業で横糸を通すために用いる道具で交互に右から入れたり、左から入れたりして横糸を通す）を行ったが、頓挫した。結果的には、アルゼンチン軍が降伏し、一九九〇年には外交関係も回復した。

(5) ドッガー・バンク事件

本件は、本文で触れたように、審査制度により見事に解決した事例として国際法テキストにおいて引用されてきた。時は日露戦争時、日本は一九〇二年一月に日英同盟（いわゆる第一次同盟）を結び、他方、ロシアは独・墺・伊の三国同盟に対抗して一八九一年から一八九四年にかけて仏露同盟を結んでいた。

ドッガー・バンクは、ヨーロッパの北海の海底が隆起して高台となっているところ、いわゆる碓《たい》で、日本海の大和堆がそうであるように、好漁場である。

【事実】事件は、極東への出航を命じられたロシアのバルチック艦隊が北海を夜航海中、イギリス漁船団に砲撃を加え大きな被害を生じさせたものである。ロシア側は日本の魚雷艇が混じっていたため砲撃したと主張し、イギリスの参戦が懸念される中（日英間には一九〇四年の日英同盟条約があった）、フランスの仲介で、サンクト・ペテルブルグ協定が結ばれ、審査委員会が設立され、事実審査が行われた。

【審査報告と結果】英・露・独・仏・米の五国の海軍提督からなる委員会は、日本の魚雷艇は存在せず、単なる誤認であったが、司令官の能力を問うことはなかった。

この報告にもとづき、ロシアはイギリスに賠償金を支払い、事件は解決した。

なお、周知のとおり、同艦隊は、イギリス軍が構えるジブラルタル海峡からは地中海に入れず、地中海からスエズ運河を通航する最短距離ではなく、アフリカの最南端の喜望峰を回り、インド洋を横断して、日本海海戦に臨むことになる。

(6) マリア・ルース号事件

マリア・ルース（Maria Luz）号はペルー船籍の帆船である。一八七二年七月九日、ペルーに向かう途中、修理のため横浜に入港したところ、ポルトガル領マカオで乗せた中国人労働者（中国人のほかインド人等が奴隷制廃止後、労働力不足に喘ぐアメリカ等に契約によって売り渡され、強制労働に就かされた。年期契約苦力《クーリー》と言われた）の一人が海に飛び込み英国軍艦に保護を求めた。身柄引き渡しを受けた日本は、同船の出航禁止を命ずるとともに、マリア・ルース号船長に対し、港内での虐待行為の理由で有罪を宣した。他方、船長および移民業者側からは契約履行を求める訴えがなされたが、神奈川県はこれを奴隷輸出契約は公序に反するとして斥けた。

この後、意見は対立したまま解決に至らず、一八七三年六月二五日に仲裁契約（付託合意）が締結され、ロシア皇帝を仲裁裁判官とする裁判に付され、日本が勝訴した。

なお、奴隷制や奴隷貿易は、これによって莫大な利益を得たイギリスやフランスの提唱によって、一九世紀半ばには禁止され、奴隷制も一九世紀末には南米で最終的に禁止された（芹田著作集第1巻第二章「国際法における人間」参照）。

なおまた、本件交渉の過程で、ペルー側は日本が芸娼妓を許し、公然と人身売買を認めていると論及したこともあり、一八七二（明治五）年一一月二日いわゆる芸娼妓解放令（「牛馬きりほどき令」ともいわれたようである）が出された。

(7) アラバマ号事件

アラバマ号（Alabama）は、アメリカの南北戦争時（一八六一年四月〜一八六五年四月）に南軍に属した軍艦である。

当時、今日でもそうであるが、単純化していえば、北部は工業地帯、南部は黒人奴隷を使用する農業地帯であった。一八六〇年秋の大統領選挙で奴隷解放を訴えるリンカーンが当選、翌六一年三月大統領に就任。南部一一州は合衆国から脱退しアメリカ連合（The Confederacy（"the South"〔いわゆる「南」〕）（首都はアラバマ州モンゴメリー））を結成し、合衆国（Union（"the North"〔いわゆる「北」〕））との間で内戦が戦われた。

当時の奴隷の状況は、ストウ夫人『アンクルトムの小屋』（一八五二）で見事に描かれているし、黒人奴隷労働に支えられた綿花貿易で潤った南部の白人貴族社会の文化が南北戦争とともに消え去っていく様子が一九三〇年代の小説・映画『風と共に去りぬ』に美しく描かれている（なお、奴隷貿易や奴隷の禁止については、芹田著作集第1巻『人類史と国際社会』とくに第二章参照）。

ところで、北軍は一八六〇年四月南部海岸線を封鎖、南軍は物資や艦船の不足に悩まされ、その打開策として英国民間造船所に軍艦を発注。うち一隻が一八六二年に進水し、後にアラバマ号と命名された。イギリスは、この戦争にはどちらに肩入れすることもなく、中立を保っていた（この中立のことを、イギリスが南軍に交戦団体承認を与えたかのとする向きもあるが、交戦団体承認制度が国際法上の制度としてあるのかは疑問である。この点については、芹田著作集第11巻『新国家と国際社会』第二編第四章　四　承認要件論・不承認主義の提起する問題、とくに「交戦団体承認について」参照）。

イギリスは、そこで、アラバマ号を差し押さえようとしたが叶わず、同船はポルトガル領で艤装、英国植民地で補給を受けつつ、大西洋、インド洋において通商破壊に従事し北軍に多大の損害を与えた。しかし、最後は北軍の軍艦によって撃沈された。

米国は、南北戦争中から英国が同船の建造・出港を防止しなかったことに抗議し、損害賠償を求めていた。

一八六九年にはこの問題を英米混合委員会に付託する協定に調印されたが、米国上院の承認を得られず、両国は交渉を継続し、一八七一年にアラバマ号その他の事案を解決するため仲裁裁判に付託することを合意、ワシントン条約の締結に至った。

ワシントン条約は、米英両国が指名する者を含む五名の裁判官から成る仲裁裁判所の設置を決め、裁判基準として、第一に、交戦国に対する巡邏や戦争行為を行うと信じるに足る相当の理由のある艦船の出航を防止するため相当の注意を払わなければならないこと、第二に、中立国は、その領水を交戦国による作戦基地として使用し、軍需物資・武器の補充または兵員徴募のために使用することを許可し、容認してはならないこと、第三に、中立国は、上述の義務違反を防止するために相当の注意を払わなければならないこと、を定めた。これは後にワシントン三原則として知られることとなり、一九〇七年の海戦中立条約の内容として採用された。

なお、本件は金銭賠償によって終わった。

(8) パルマス島事件

パルマス島はミアンガス島ともいわれ、アメリカのフィリピン群島に属するミンダナオ島とオランダ東印度諸島に属するナヌサ群島の最北端の島との中間に位置する孤島であり、ミンダナオ島から東南五〇カイリばかりのところにある。紛争の発端は、当時モロ地方総督であったウッド将軍が一九〇六年一月二一日パルマス島を訪問したところ、住民からオランダ国旗を振って迎えられたことに始まる。

アメリカ。オランダ双方がパルマス島に対する主権を争い、アメリカは、同島に対する権原が一八九八年の米西戦争の平和条約であるパリ条約によるアメリカへのフィリピンの譲渡にあり、オランダの権原は「発見」にあった。

一九二五年四月一日、ワシントンにおいて仲裁裁判に付すための特別協定の批准書の交換が行われた。仲裁裁判官はスイスのマックス・フーバーであった。仲裁裁判官が一人の場合、本文でもふれたとおり、多くは他国の元首が務めた。

判決はそれぞれの主張「発見」と「条約による承認」について歴史を遡って詳細に検討する。

まず、整理しておくと、一八九八年の条約でアメリカはスペインから譲渡された、と主張するので、その時点でスペインがパルマス島に対する主権をもっていたかが問題となる。確かにスペインも「発見」からする領域主権をもつことができるが、領域主権を継続して有していたかは別であり、そのためには証拠の提出が許容される日、その日のことを英語では、"critical date"（決定的期日）と呼び、本件の場合は一八九八年の平和条約締結の日までなので、その日までの証拠によってスペインが継続して主権を有していたことを証明しなければならない。なぜならもっていないものは譲ることができないのは当然であるといえるから。こうすることによって、権利の「創設」と権利の「継続」とが別物であることを明確にした。

裁判官フーバーはパルマス島がオランダ領であると判示した（パルマス島事件仲裁判決について詳しくは、芹田著作集第8巻『島の領有と大陸棚・排他的経済水域』「補章　島の領有をめぐる仲裁判決の研究」参照）。

る。

(9)　英仏大陸棚事件

〈地理〉　英仏間の大陸棚は、北海、ドーバー海峡、英仏海峡、大西洋へと広がっている。

日本語でいう英仏海峡のことを、イギリス人はEnglish Channel（イギリス海峡）と呼び、フランス人はla Manche（マンシュ海峡、字義的には「袖」）と呼び、約三〇〇カイリの長さにわたり、イギリス南岸とフランス北岸とを分け、その幅は、最も狭いドーバー海峡の約一八カイリから西の入口の約一〇〇カイリまで変化し、その平均水深も東の入口の約三五メートルから大西洋の出口の地点の約一〇〇メートルまで徐々に増加する。北岸はかなり規則的に西南西の方向をとり、イギリスのコーンワル半島の沖合二一カイリから三一カイリにわたって四八の島々からなるシリー諸島がある。他方、南岸は規則性に乏しく、フランスの西端にはブレスト半島の沖合約一〇カイリにウエッサン島がある。いずれの島にも人が住んでいる。なお、ノルマンジー・ブルターニュ海岸の近くにイギリス領チャンネル諸島がある。

地質的には、チャンネル諸島、ブルトン・ノルマンジー湾の海底およびその下は、ノルマンジーおよびブルターニュ地塊と同じである。
大西洋区域は、イギリス人がSouth Western Approaches（南西アプローチ）と呼び、フランス人がMer d'Iroise（イロワーズ海）と呼ぶが、大陸棚の基本的地質的連続性は水深一〇〇〇メートルまで続いている。一〇〇〇メートル等深線は、大まかに言えば、ビスケー湾を発し、真直ぐ北西方向に大体西経二一度まで続いている。わずかに北にまがり、アイルランド西岸沖合を通る。

〈仲裁判決〉　一九六四年〜六五年に非公式に接触した後、交渉は一九七〇年一〇月に開始され、七四年初頭まで続けられたが、合意に至らず、同年七月のパリ会談で仲裁裁判に付すことが決定され、七五年七月一〇日に仲裁コンプロミーに調印された。この間の七一年にはチャンネル諸島の東側部分の大陸棚については合意が成立していたので、仲裁裁判所に委ねられた境界画定すべき大陸棚は、西経三〇分の西で水深一〇〇〇メートルまでのものであった。裁判所は五名で構成され、決定は七七年六月三〇日に下された（詳しくは芹田著作集第8巻『島の領有と大陸棚・排他的経済水域』参照。また、芹田「英

仏大陸棚仲裁判決」『日本の海洋政策』第2号（外務省、一九七九年）参照）。

まず裁判所は、大陸棚条約についてフランスが留保を付し、イギリスが異議を申し出ていたのでこの問題を取り上げ、衡平な境界画定を確保するために慣習法規則によるべきとし、「等距離・特別の事情原則」に拠る。

(イ)　チャンネル諸島区域　チャンネル諸島は島としてのみ考慮する。両国関係は相対する関係にあるので、まず海峡中央の中間線を引く。次に、この英仏海峡中央の中間線の南の海域において、チャンネル諸島に対し、フランスの大陸棚の南の地域において、チャンネル諸島に対し、フランスの大陸棚の南の境界を定める。ただし、フランスの大陸棚はチャンネル諸島の現行の一二カイリ漁業水域の蚕食を許すように引いてはならない。

(ロ)　大西洋区域　この区域の大陸棚は大西洋の広い空間に両国の沿岸の沖合に伸びている。しかも、境界画定すべき大陸棚に接する海岸線は比較的短い。そこから、相対する関係というよりむしろ側面の関係である相互的地理的関係にある。ところで、シリー諸島はウエッサン島より大西洋に突出していることからこれに完全な効果を与えないこ

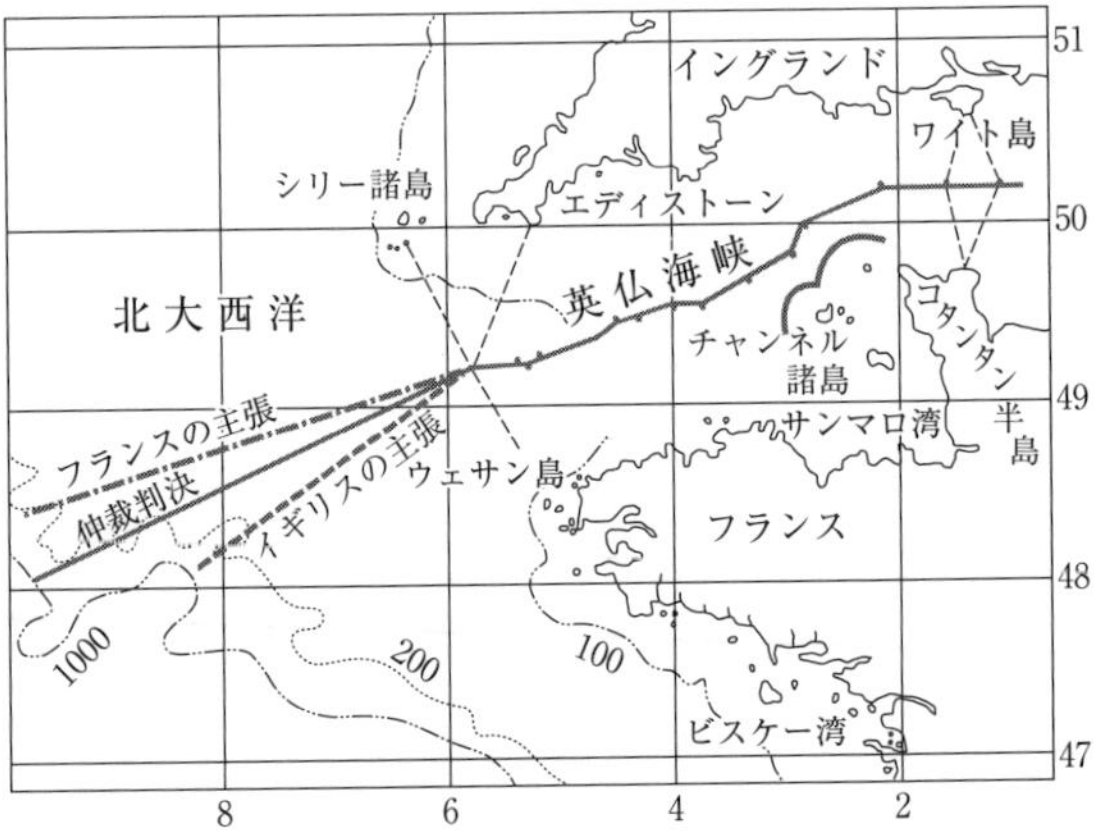

英仏間大陸棚の境界

とである。このひずみ効果は等距離原則を修正する特別事情である。本件の場合、半分効果方法（half effect method）を裁判所は採択した。ついでながら、コーンワル半島とシリー諸島との間の距離は、ブレスト半島とウエッサン島との距離のほぼ二倍である。

⑽　トレイル溶鉱所事件

米国国境に近いカナダ領ブリティッシュコロンビア州のトレイルという町に民間の溶鉱所が建設され、鉛、亜鉛を製錬していた。一九〇六年以降増産をはかり、製錬過程で生じる亜硫酸ガスは高い煙突から排出したが、亜硫酸ガスは米国ワシントン州を貫き太平洋に流れ込むコロンビア川の峡谷を伝って流れ、米国ワシントン州の森林や農作物に被害が生じた。米国は一九二七年にカナダに抗議を申し入れ、カナダ独立前の英米間条約にもとづき一九二八年国際合同委員会に付託され、一九三一年に同委員会は会社に対し賠償金支払いと亜硫酸ガス削減装置の設置を勧告する報告書を提出したが、米国が納得せず、交渉を再開し、一九三五年に両国間に合意が成立。この付託合意にあたるオタワ協定によって事件は三名からなる仲裁裁判所に付託された。裁判基準としては、国際法のほか、米国の州際間の同種事件で採られてきた法と慣行とされた。

判決は、裁判所の意向によって、一九三八年に中間判決、一九四一年に最終判決が出された。

中間判決では、一九三二年初から三七年年初までの森林損害に対する賠償を認め、損害防止義務を認定した。

最終判決では、一九三七年一〇月から四〇年一〇月までの損害立証不十分としたが、裁判所は、今では人間環境宣言の原則の一つに取り入れられている「自国の管轄または支配下にある（民間会社の）活動」から生じた損害にも国家は責任を負うことを明らかにした（国家の環境保全義務については、芹田『国際法入門』（新ブリッジブック、信山社、二〇二〇）参照）。

⑾　コルフ海峡事件

コルフ海峡は、イタリア半島とバルカン半島に囲まれたアドリア海の南端にあるアルバニアと同国沖でギリシャ国境に近いアルバニア領コルフ島とを分かつ海峡である。事件は一九四六年にアルバニア領海で起きた。五月一六日海峡通航中のイギリス艦隊がアルバニア側から砲撃を受け、一〇月二二日には同じく通航中の艦隊が機雷に触れ大破、死傷者を出した。

本件で、アルバニアは許可なく通航したと主張し、イギリスは領海の無害通航権を主張して争い、イギリスは国連安保理に問題を付託、安保理は賛成八、反対〇、棄権二（ソ連、ポーランド）で、一九四七年四月九日の決議二二を採択、ＩＣＪに直ちに付託することを勧告した（S/RES/22（1947）（S/324）。イギリスはこれを根拠に訴えを提出し、裁判所はアルバニアの不正規との異議を斥けて応訴管轄（Forum prorogatum）と認め、審議。

機雷の敷設はアルバニアの監視ポストから視認できる範囲にあり、アルバニアに責任を認めた。また、通航自体は禁止できない。砲撃事件からすれば乗組員が戦闘配置についていたことは不合理なものとは言えず、この場合、無害通航の範囲内である。なお、イギリス海軍は許可なく掃海作業を行ったが、これはアルバニアの主権侵害となる。

⑿　在テヘラン米国大使館事件

テヘランはイラン（かつてペルシャと呼んでいたが、一九三五年に国名変更）の首都である。一九七一年秋、私はパリからの帰途テヘランに立ち寄った。当時パーレヴィ朝のパーレヴィ二世が王位に就いており、上からの改革によって欧米を模範に強力に近代化が進められ、街には活気があった。しかし、それに対する反発も強く、シーア派の著名なイスラム法学者ホメイニ師率いるイスラム原理主義勢力によってパーレヴィ朝は倒され、パーレヴィ国王は国外へ脱出。しかし、国王が病気療養のためとして米国への入国が認められたのを機に一九七九年一一月四日テヘランの米国大使館周辺で大規模デモが発生し、過激派学生が大使館に侵入し、大使館員とアメリカ国民を人質に取って立て籠もった。米国は再三にわたり館員の安全確保、大使館の明渡し等を要請したが何らの措置もとられず、米国は、人質の解放、損害賠償、実行者の処罰を求めて、外交関係条約、領事関係条約、外交官等保護条約、国連憲章等にもとづき、国際司法裁判所に訴えた。

米国はまず人質の解放、大使館の明渡しの仮保全措置を求め、他方、イランは欠席戦術をとった。裁判所は一九七九年一二月一五日、仮保全措置を命令した。しかし実施されなかったこともあり、一九八〇年四月二四日、米国は、ヘリコプターを用い人質救出作戦に出たが失敗。この行動は自衛措置であるとか、自国民救済のための人道措置と説明された。

五月二四日判決。学生の行動ではあるが、これがホメイニ師の言動からイラン国家に帰属すること（帰属の関係について国連国際法委員会国家責任条文案参照）を認め、裁判所長ウオルドッククルドック、小田判事を含む一三対二でイランの国際法違反を認定し、同国の責任を認め、全員一致でイランに対し事件から生じた事態の救済措置をとることを求めた。なお、最終的にはアルジェリアの仲介によって、八一年一月一九日に解決した。

その他の事例・事件等へのアクセスのために

1）判例で国際法を学ぶテキスト
松井芳郎編集代表『判例国際法』（東信堂）

2）国際司法裁判所の活動についての資料
植木俊也・中谷和弘編集代表『国際条約集』（有斐閣、二〇二三）の巻末付録に「国際裁判一覧」がある。

〈略語索引〉
LNTS : Leagu of Nations Treaty Series（国際連盟条約集）
UNTS : United Nations Treaty Series（国際連合条約集）

CTS：Clive Parry（ed）, The Consolidated Treaty Series, New York, Oceana（クライヴ・ペアリー（編）条約集）

A/RES/..：国際連合総会決議

S/RES：国連安全保障理事会決議

Mtg.：Meeting（会合）

RGDIP：Revue Generale de Droit Internationale Public（フランス国際公法雑誌）

5　ロシアのウクライナに対する「特別軍事作戦」をめぐって

はじめに

二〇二二年二月二四日に開始されたロシアによるウクライナに対する「特別軍事作戦」のことは何と呼べばよいのであろうか。その昔日本が行った中国に対する戦争について、ある局面を取り上げ、満州事変とか日支事変とか支那事変と呼んだのに、いわば倣って、ウクライナ事変、と呼ぶ向きもある。しかし、一九二八年の不戦条約の当事国であった日本は、その武力行使が宣戦布告を伴なっていないので、不戦条約で禁じられた「戦争」ではなく、「事変」なのだとして、不戦条約違反に当たらないと、強弁した。こうした経験も踏まえ、連合国（United Nations）は、国連憲章に、「戦争」の文字を用いず、「武力による威嚇または行使」（同二条四項）を禁止すると書き込むに至った。

今回、国際連合（United Nations）（以下国連）は緊急総会を招集し、三月二日「ウクライナに対する侵略」と題する決議を採択した（ES-11/1）。報道各紙は、ロシアの行動を「侵略」と断じ、個々の戦闘行為を「国際法違反」とか、「国際人道法違反」と報じている。

侵略とは何か、どのような意味で、国際法あるいは国際人道法に違反しているのか。そもそも国際人道法は国際法ではないのか。国際人道法と国際人権法とはどう異なるのか。互いにどのような関係にあるのか。

報道で用いられる「領土の一体性」は、英語の territorial integrity の翻訳と思われる。もしそうであるとすれば、従来国際法学において、そして国際関係における武力行使の禁止を定める国連憲章の政府による公定訳第二条四項でも、「領土保全」と訳されてきているものである。翻訳文化の宿命であるが、記者の知識の劣化であろうか、国際法普及に対する国際法学者の力量不足であろうか。

『朝日』は社説で「人道犯罪のさらなる拡大」を止めねばならない（2022/2/18）と論じるが、その「人道犯罪」はいかなる意味か。国際法一般のほか、特に武力衝突に係る規範の展開や、日本における国際法学の導入からも問題を観ておこう（この点、今でも興味深く、大いに参考となるのは田岡良一「戦時国際法と日本古来の兵法」『大阪経済法科大学法学紀要第4号』昭和五八年三月であり、一読を勧めたい）。

なお、ウクライナの面積・人口は、二〇二二（令和四）年一月四日版の外務省広報によれば、面積：六〇万三七〇〇平米（日本の約一・六倍）、人口：四一五九万人（クリミアを除く）（ウクライナ国家統計局）である。

そもそも、最近とくに「国際社会」という言葉が、報道のみならず、政治家によっても頻繁に使われるが、それはどのような意味をもっているのか。突き詰めて考えてみるとその輪郭はぼやける、というか、暗黙の裡に一般にも了解されているように思えるが、正確には何を表わすのか、見えてこない。

国際社会は、英語で表現すれば、昔から用いられる international society か、六〇年代頃から用いられるようになった global community であろうか。現在では両語は相互に交換可能な言葉として用いられているように思われるが、語源的には、society は共通の利害関係等で結び合わされた団体を指し（この語に連なるフランス語の société には「会社」の意味がある）、community は血縁地縁の繋がりをもつ団体を示す。それぞれは、時に、利益社会、共同体と訳される。六〇年代から community が用いられるようになったのは、六〇年代に入り人類はひとつ、地球は一つの共同体であるということが人々の意識にのぼってきていることを示すものであろう。society の法は利害調整型であるのに対し、平和とか環境とかの法は、明らかに community 型の発想から生まれる。

現在の国際社会は主権独立国家を主たる構成員とする社会と考えられ、そうした社会の原型はヨーロッパの三〇年戦争を終わらせたウェストファリア条約の締結によって、各領主たちが sovereign（主権者）であり、平等である、と認められたことによって成立したと考えられ、こうして主権平等によって支えられるヨーロッパ国際社会が一七世紀に成立した。

他方、当時のアジアの国家間関係は清（中国）を中心とする冊封体制で説明されるように、国家平等を原則とするものではなかった。しかし、そうしたアジアの国家間関係は、一九世紀のヨーロッパ列強の進出によって崩壊し、弱肉強食の世界ながらも、形式的には国家平等の関係に移動した。ヨーロッパ列強は、ヨーロッパ世界内では互いに国家平等を原則としたが、非ヨーロッパ世界では支配・被支配を原則とする植民地支配を行った。植民地支配下に入ったこれら諸国が植民地支配から脱し、独立を達成し、平等の関係に入るのは二〇世紀中葉のことであった。

現代に戻ろう。現在の国際社会では、自国第一の主張もあるものの、人類や地球社会が語られるようになり、地球益と呼べるものを人びとは語るようになった。しかし、昨今、日本で「国際社会と一緒になってロシアへの制裁を」と語るとき、そこに、アフリカやアジア、中近東、ラテンアメリカの諸国が含まれているようには見受けられない。その意味するところは、ＥＵ諸国とか、ＱＵＡＤ（日米豪印）諸国との連携と思われ、そうであるとすれば、そこで表現されている国際社会というのは、日本の同盟諸国のことであろう。

ところで世界に国家はいくつあるのか。領土・国民・実効的政府をもつものが国家とされ（モンテヴィデオ条約）、日本が国家として承認する国は一九五ヵ国（北朝鮮、台湾は多くの国から承認されており、しかも、北朝鮮は国連にも加盟しているが日本はこれらを除いている）である。

一　国家の安全の維持方式

地球大に広がる現在の国際社会の中で、各国家は自国の国家目標を定めて行動する。国家目標には、経済発展や軍事力の維持・拡大など、他国を排し、自国の価値を維持・増大させるものと、協力的で相互利益の形成を目指すものに大別できる。いずれの国も自国の国家目標を設定し、設定された国家目標を達成するために他国や国家間で相互に利害を調整し処理していく。いわゆる外交である。

ところで、国家は自国の領土、国民を守るため、対外的な軍事力を持ち、対内的な秩序維持には警察力を備えている。

国家が自国の安全をはかる方式は、今でもそうであるように、歴史的に、自力による軍備の強化、不十分と思えば他国との同盟締結、自国が相対する勢力の境界線上に位置する場合には、いずれの国の影響からも脱するための中立、である。これらの方式は、いずれも、「敵対関係」を前提にしている。

国際法上自国を守るための権利、いわゆる自己保存（自存）（self-preservation）権は、現在では、武力不行使の例外として武力の行使が認められる自衛（self-defense）（刑事法では正当防衛）と緊急避難（necessity）とに分解され、自衛は、一九世紀に英米間で発生したカロライン号事件を契機に明確化された自衛の必要性、緊急性、執られた措置の均衡性を限度として認められる（なお北朝鮮はミサイル発射の根拠を自衛権という）。

これに対して、国際連盟、国際連合は、諸国の「信頼と連帯」の上に、集団安全保障（collective security）方式を新たに採用した。北大西洋条約機構NATOやワルシャワ条約機構は二面性をもち、機構の内部関係では集団安全保障制度が機能したが、他方、東西冷戦という加盟国間の関係ではなく、外部の敵対関係の中においては、互いに敵対する同盟グループとして機能した。ソ連解体とともにワルシャワ条約機構は消滅し、その後には、NATOのみが残り、NATOは、強固な連帯の上に立つ同盟として政治機構化した。ロシアと長い国境線をもつ諸国は、ロシアの影響下に置かれるのを避けようとして、NATOに近づく外交政策を選択しているものと思われる。いかなる国も自国の考え・政策を他国に押し付ける権利はもたない。覇権を求め、世界を二分・分断するような政策は望ましいものではない。

二　侵略の定義

国連総会決議三三一四（XXIX）1974/12/14、国際刑事裁判所規程八条の二（侵略犯罪）

第一次世界大戦後のヴェルサイユ平和条約で設立された国際連盟は国際平和のために常設国際司法裁判所も創設し平和のために尽力し、侵略の定義も試みた。しかし、第二次世界大戦の勃発を止めることはできなかった。第二次世界大戦後国際連合は集団安全保障の方式を強化するとともに、侵略の定義も試み、一九七四年国連総会は侵略の定義決議を採択した。

その決議第三条は、「宣戦布告の有無にかかわりなく」、具体的に、七つの行為を侵略行為として列挙した。そして、一九九八年に採択され、二〇〇二年に発効した国際刑事裁判所規程に第八条（戦争犯罪）が置かれ、二〇一〇年六月には、この裁判所規程に第八条の二（侵略犯罪）が追加された。

第八条の二は、まず、「この規程の適用上、『侵略犯罪』とは、その性質、重大性および規模により国際連合憲章の明白な違反を構成する侵略行為の、国の政治的又は軍事的行動を実効的に支配又は指揮する立場にある者による計画、準備、開始又は実行をいう」とした上で、侵略行為とされるものとして前述のように三三一四決議をそのまま取り込んでいる。

次のとおりである。

(1)　国家の軍隊による他の国家の領土に対する侵入もしくは攻撃、一時的なものであってもかかる侵入もしくは攻撃の結果として生じた軍事占領、または武力の行使に

よる他の国家の領土の全部もしくは一部の併合

(2) 国家の軍隊による他の国家の領土に対する砲爆撃、または国家による他の国家の領土に対する兵器の使用

(3) 国家の軍隊による他の国家の港または沿岸の封鎖

(4) 国家の軍隊による他の国家の陸軍、海軍または空軍もしくは船隊もしくは航空隊に対する攻撃

(5) 受入国との合意にもとづきその国の領土内に駐留する軍隊の当該合意において定められている条件に反する使用、または当該合意の終了後のかかる領土内における当該軍隊の駐留の継続

(6) 他の国家の使用に供した領土を、当該他の国家が第三国に対する侵略行為を行うために使用することを許容する国家の行為

(7) 上記諸行為に相当する重大性を有する武力行為を他国に対して実行する武装集団、団体、不正規兵または傭兵の国家によるもしくは国家のための派遣、またはかかる行為に対する国家の実質的関与。

この定義は、国連が前述の通り緊急総会を招集し「ウクライナに対する侵略」と題する決議を採択したことと相俟って、現在の諸国の法意識を明確に示すものであると言うことができる。

三　武力行使・方法の規制

さて、戦いに明け暮れたヨーロッパ諸国は、利害対立から戦いが避けられないものであるとしても、武力行使は、相手国に自国の意思に従わせるために行うものであって、破壊そのものを目的とするものではないので、学校・病院、宗教施設などの破壊や、戦いに関与しない人や施設の破壊は自制してきた。ヨーロッパ諸国は、こうした陸戦の法規慣例を一九世紀末から二〇世紀初頭にハーグで会議を開き、一九〇七年に「人類の福利と文明の駸駸《しんしん》として止むこと無き要求に副はむことを希望し」、「陸戦の法規慣例に関する条約」としてまとめた。

その条約附属書「陸戦の法規慣例に関する規則」第二二条は「害敵手段の制限」とし

て、「交戦者は、害敵手段の選択に付、無制限の権利を有するものに非ず」と先ず規定し、第二七条は「砲撃の制限」として、「攻囲及砲撃を為すに当たりては、宗教、技芸、学術及慈善の用に供せらる建物、歴史上の紀念建造物、病院並病者及傷者の収容所は、同時に軍事上の目的に使用せられざる限、之をして成るべく損害を免れしむる為、必要なる一切の手段を執るべきものとす。被囲者は、看易き特別の徽章を以て、右建物又は収容所を表示するの義務を負う。右徽章は予め之を攻囲者に通告すべし」と定めていた。

＊「攻囲」について　ヨーロッパの都市は、典型的には城壁に囲まれたお城を中心に城壁の外側に農地や商業地が広がり、一旦ことあるときは住民は東西南北に置かれた門から城内へ避難し、門を閉じた。その城や要塞・陣地を取り囲み攻撃することを攻囲《こうい》という。

こうした原則の下に第一次世界大戦も第二次世界大戦も戦われた。第二次世界大戦は総力戦ということで、無差別攻撃、いわゆる絨毯爆撃等が行われ、法的にもこれが許されるという雰囲気が醸成され、軍事目標主義が軽視され、多大な損害が生じた。またレジスタンス運動が澎湃として起きたことなどから、文民の保護と軍事目標主義の強化のため一九四九年にジュネーヴ諸条約の改定がなされた。今日では戦争法は、武力衝突法、さらには人道法と呼ばれるようになった（国際赤十字委員会の各種文書を徹底的に読み込んだ藤田久一『国際人道法』（有信堂、一九九三）および政府専門家として各種会議に参加した竹本正幸『国際人道法の再確認と進展』（東信堂、一九九六）参照）。

人びとの権利は歴史的には各国内法で守られるようになり、周知のように、人権法として発達し、これが特に第二次世界大戦後国際法に取り入れられ、さらに交戦時にも守られるべき最低限の人権として交戦法規に取り入れられ、いわば戦時の国際人道法と平時の国際人権法とは交錯し、国際人権法の発展が人道法の発展をも促してきている。

しかし、ジュネーヴ諸条約締結後の植民地独立運動（インドシナ、アルジェリア等）は熾烈さを極め、近代的軍隊とゲリラ部隊との闘い等武力紛争の形態の多様化、軍事技術の飛躍的発達等の課題に直面した、当時の交戦法規では、これらに対応することが難しく、夥しい死傷者・損害を出した。こうしたことを踏まえ、諸国は審議に審議を重ね、ついに一九七七年ジュネーヴ諸条約に対する追加議定書を採択し、文民保護が徹底された。

同議定書は、文民である住民と戦闘員、民用物と軍事目標とを常に区別し軍事目標のみを軍事行動の対象するべきこと、文民および民用物に対する攻撃を差し控えるよう不断の注意を怠らないこと等を規定している。

以上に見るように、交戦法規の大原則は、軍事目標主義であり、軍人と市民を区別し、軍用物と民用物を区別する。

軍事目標は、物については、その性質、位置、目的または使途により軍事活動に有効な貢献をするものであって、かつ、その全部または一部の破壊、捕獲、無力化が明確な軍事的利益をもたらすものに限られるので、食料など文民である住民の生存に不可欠なものは保護され、また、ダム、堤防、原子力発電所は、これが軍事目標であっても、危険な力を内蔵しているので、攻撃対象としてはならない（ロシアも当事国であるジュネーヴ条約第一追加議定書）。他方、紛争当事者は、人口密集地域やその付近に軍事目標を設けることを避けるようにすることが、実行可能な限り、求められている。

特定の軍事目標に向けられない攻撃は許されないが、都市や村落に点在する多数の明白に分離した軍事目標を単一の軍事目標として取り扱うような方法・手段による砲爆撃、いわゆる目標区域爆撃も禁止される。

要するに、軍用物のみが攻撃を許される。なお、ロシアは戦術核兵器の使用を今回ちらつかせていると報じられているが、核兵器の使用はいかなるものであっても許されるものではない。

四　国際刑事裁判所規程に定める「集団殺害罪」「人道に対する犯罪」

国際刑事裁判所規程はその管轄権内に入る犯罪として「国際社会全体の関心事項である最も重大な犯罪に限定」し、(a)集団殺害罪、(b)人道に対する犯罪、(c)戦争犯罪、(d)侵略犯罪、を挙げている（同二条一項）。

「集団殺害罪」は、一九四八年の第三回総会で採択されたジェノサイド条約で詳細が規定されている。Genocide は、レムキンの造語とされ、単に集団というのではなく、geno つまり民族・種族を cide 殺害すること、を意味する。

ジェノサイド条約に記されている権利・義務については、国際司法裁判所は、ボスニア・ヘルツェゴビナ対ユーゴスラビア事件やコンゴ共和国対ルワンダ事件において、これが対世的な（*erga omnes*）権利義務であるとか、強行規範（*jus cogens*）である、と判断している。

「集団殺害罪」とは、国民的、民族的、人種的又は宗教的な集団の全部又は一部に対し、その集団自体を破壊する意図をもって行う、次のいずれかの行為をいう。

(1) 当該集団の構成員を殺害すること
(2) 当該集団の構成員の身体又は精神に重大な害を与えること
(3) 当該集団の構成員の全部又は一部に対し、身体的破壊をもたらすことを意図した生活を故意に課すること
(4) 当該集団内部の出生を妨げることを意図する措置をとること
(5) 当該集団の児童を他の集団に強制的に移すこと

「人道に対する犯罪」（crime against humanity：人道に反する罪）（反人道罪）は、「文民

たる住民に対する攻撃であって広範又は組織的なものの一部として、そのような攻撃であると認識しつつ行う次のいずれかの行為をいう（同七条）。

(1) 殺人
(2) 絶滅させる行為
(3) 奴隷化すること
(4) 住民の追放又は強制移送
(5) 国際法の基本的な規則に違反する拘禁その他の身体的な自由の著しいはく奪
(6) 拷問
(7) 強姦、性的な奴隷、強制売春、強いられた妊娠状態の継続、強制断種その他あらゆる形態の性的暴力であってこれらと同等の重大性を有するもの
(8) 政治的、人種的、国民的、民族的、文化的又は宗教的な理由、三に定義する性に係る理由その他国際法の下で許容されないことが普遍的に認められている理由に基づく特定の集団又は共同体に対する迫害であって、この一に掲げる行為又は裁判所の管轄の範囲内にある犯罪を伴うもの

(9) 人の強制失踪
(10) アパルトヘイト犯罪
(11) その他の同様の性質を有する非人道的な行為であって、身体又は心身の健康に対して故意に重い苦痛を与え、又は重大な傷害を加えるもの」

＊著者注 「三に定める性」については、裁判所規程は、次のように定める。
「この規程の適用上、『性』とは、社会の文脈上における両性、すなわち、男性及び女性をいう。『性』の語は、之と異なるいかなる意味も示すものではない」

五 難民・避難民

今回の事件で、ＵＮＨＣＲによれば、二月二四日以来八月一日までの間に約九〇〇万人近くの人たちが国外に脱出し、七〇〇万人余の人たちが国内避難民（internally displaced persons）と考えられている。国外に脱出した人たちのことを日本では避難民と呼んでいる。

「難民（refugees）の地位に関する条約」が日本について一九八二年一月一日に発効するまで、refugee についての翻訳は、難民のほか、避難民や、亡命者とされていた。条約に入るとともに、政府訳の「難民」が定着した。

難民条約では、人々が「国外に」居ることが条件とされ、国内に留まっている人たちは、一般に「国内避難民」（internally displaced persons,idps）と呼ばれる。

ところで、人為災害などから難を避けるために住む場所を奪われた人たち displaced persons のことは、戦後のある時期、「流民」とも訳されていた。最近では、海底火山爆発で避難した人々も、避難民と呼ばれた。

日本では難民条約上の難民に認定された人は少なく、これまではベトナムのいわゆるボートピープルはインドシナ難民会議もあり、特例措置で、また、アフガニスタンやミャンマーは個別的に保護措置をとってきており、一貫した制度上の対応はない。

ウクライナの場合、政府専用機で来た人、親族や友人等を頼ってきた人たち等様々であり、企業提供の住宅や公営住宅に住んだりしている。都道府県の国際交流協会が窓口になったり、衣食住についてNGO／NPOが支援をしたり、バラバラである（外国人労働や移民問題も含めて一般的に、拙著・せりけんシリーズ3『国際協力と多文化共生』(信山社、二〇二二)参照)。

おわりに——国際法は危機に対応できるか

平和の実現とは何か。世界の隅々にまで、力によらない正義(主観的正しさ droit subjectif = 権利と、客観的正しさ droit objectif = 法)とがゆきわたること、人間の尊厳が尊重されることである。

スチーヴン・ピンカー『暴力の人類史』(上・下)(青土社、二〇一五)によれば、信じ難い話のようであるが、戦争のほか、子どもの体罰に至る種々の暴力についても、歴史的には暴力の減少傾向が読み取れるという。

人類の歴史の中で現代ほど暴力の少ない時代はない。この度の戦争は不幸なことであるが、これを契機として世界は戦争のない世界へと変容していくであろう。長期的展望から人類それ自体、さらには個別的な一人ひとりの人間への信頼が生まれ、必ず具体策

〈著者紹介〉
芹田 健太郎（せりた けんたろう）

神戸大学名誉教授
1941年旧満州国生まれ、1963年京都大学法学部卒業、1966年同大学院法学研究科博士課程中退
神戸商船大学助手、神戸大学法学部教授・大学院国際協力研究科長。定年後、愛知学院大学大学院法務研究科長、京都ノートルダム女子大学長を歴任。2017年瑞宝中綬章。ほかに、現在、（公財）兵庫県国際交流協会評議委員長、（NPO法人）CODE海外災害援助市民センター名誉代表理事
本書に関連する著作は、『芹田健太郎著作集』全13巻（信山社、2019～2020年）、『国際人権法』（信山社、2018年）、SERITA Kentaro, The Territory of Japan：Its History and Legal Basis, 27, March 2018, Japan Publishing Industry Foundation for Culture（JPIC）Tokyo, 新ブリッジブック『国際法入門』（信山社、2020年）

信山社新書

せりけんシリーズ 4

国際紛争の解決方法

2023（令和５）年４月25日　第１版第１刷発行

©著　者　芹　田　健　太　郎
発行者　今　井　貴
　　　　稲　葉　文　子
発行所　㈱　信　山　社
〒113-0033 東京都文京区本郷6-2-102
電話 03(3818)1019　FAX 03(3818)0344

Printed in Japan, 2023　印刷・製本／藤原印刷株式会社

ISBN 978-4-7972-8117-0 C1231 ¥1200E